# DAPP

Défense Assitée par Points de Pression

# Manuel du cours de base

**Bernard Grégoire**
© 2017
ISBN 978-2-9815240-4-1

# Table des matières

Préface .................................................. 7
Qu'est-ce que le système DAPP ? .......................... 8
Les avantages d'utiliser un tel système .................. 10
Bases du système pédagogique ............................. 11
Le développement du système DAPP ......................... 12
Qui peut utiliser le système DAPP? ....................... 13
Quelles sont les limites du système DAPP? ................ 14
Commandements verbaux .................................... 15
Le continuum de force .................................... 17
Dans quelles circonstances peut-on utiliser le DAPP? ..... 19
Le temps de réaction ..................................... 20
La distance de réaction .................................. 22
Les pertes d'énergie ..................................... 23
Justification des techniques ............................. 24
Utilisation tactique ..................................... 25
Fonctionnement des blocs d'instruction ................... 26
Modes d'applications ..................................... 27
Principes d'utilisation du système DAPP .................. 29
Programme technique : Fonctionnement des commandements verbaux .................................................. 33
L'apprentissage par zones ................................ 37
Un aide-mémoire .......................................... 38
Blocs d'instructions ..................................... 39
Mode d'applications et démonstration pratique ............ 40
Bloc no 1: Au sol sur le ventre, contrôle par les bras et zones secondaires ........................................ 50
Bras allongé vers le bas jusqu'à 45 degrés ............... 51
Bras allongé sur le côté du corps dans un angle de 90 degrés ... 56
Bras allongé vers le haut ................................ 59
Jonction de la mandibule ................................. 63
Bras replié vers le bas ou vers le haut .................. 68

Bloc no 2 : Au sol sur le dos, contrôle par les bras et les zones secondaires . . . . . . . . . . . . . . . . . . . . . . . . . . . 69

Bras allongé sur le côté à 90 degrés et plus, paume vers le haut . . 73

Bras allongé vers le haut . . . . . . . . . . . . . . . . . . . . 80

Bras allongé vers le haut, mais replié (position « hands up ») . . . 83

Bloc no 3: Hypoglosse . . . . . . . . . . . . . . . . . . . . 85

Bloc no 4: Infraorbitale . . . . . . . . . . . . . . . . . . . 87

Bloc no 5: Nerf sciatique externe, fémoral et tibial . . . . . . . . 91

Bloc no 6: Prise de contrôle à plusieurs agents . . . . . . . . . 100

Bloc no 7: Saisie au collet à deux mains . . . . . . . . . . . 103

Bloc no 8 : Saisie au collet d'une main et frappe de l'autre . . . . 112

Bloc no 9: Techniques d'escorte . . . . . . . . . . . . . . . 121

Bloc no 10: Contrôle au sol par les jambes . . . . . . . . . . . 136

Bloc no 11: Défendre une tierce personne, accès arrière . . . . . 142

Bloc no 12 : Défendre une tierce personne, accès latéral . . . . . 148

Bloc no 13 : Attaque de rue . . . . . . . . . . . . . . . . . 152

Bloc no 14 : Position parlementaire . . . . . . . . . . . . . . 162

Bloc no 15 : Résistance passive assise . . . . . . . . . . . . . 171

Bloc no 16 : Approche sécuritaire d'un contrevenant assis . . . . 174

Emploi de la force . . . . . . . . . . . . . . . . . . . . . . 175

Du même auteur . . . . . . . . . . . . . . . . . . . . . . 181

# Préface

Ce manuel est un outil de référence pour ceux qui ont déjà suivi les formations de DAPP (Défense Appliquée par Points de Pression). L'objectif de cet ouvrage n'est pas de former des agents à l'utilisation des points de pression, mais bien de servir d'aide-mémoire pour ceux qui ont reçu la formation DAPP sur le contrôle d'individus récalcitrants. Les points de pression décrits dans ce livre ne devraient jamais être utilisés par un agent qui n'a jamais suivi la formation de base du système DAPP.

# Qu'est-ce que le système DAPP ?

Le système DAPP est une nouvelle approche dans l'utilisation des points de pression. L'acronyme DAPP signifie « Défense Assistée par Points de Pression » (Defense with Assisting Pressure Points, en anglais). Son objectif est d'offrir au policier ou à l'agent de sécurité, un outil performant dans le contrôle d'individus récalcitrant. Le système est conçu pour équilibrer le rapport de force entre un agent de petite taille et un individu de forte corpulence. Le système permet de restreindre l'utilisation de la force excessive lors d'une intervention avec des individus non coopératifs.

L'approche du système DAPP est beaucoup plus dynamique que les autres systèmes qui utilisent de tels points de pression. Il permet à l'agent d'acquérir plus facilement les automatismes appropriés face à des situations déterminées. Son nouveau concept pédagogique permet une meilleure rétention des points enseignés et une meilleure utilisation de ces techniques en situation de stress.

Les points de pression sont utilisés depuis des siècles dans la plupart des arts martiaux. Le système DAPP a emprunté certains de ces points de pression, mais dans un contexte où les risques de blessures sont minimisés pour le contrevenant. On ne doit pas confondre les points vitaux (qui ont pour but de blesser ou de tuer) avec les points de pression, dont l'objectif est de créer une dysfonction motrice, un contrôle par la douleur, une redistribution de l'équilibre du corps ou simplement de créer une distraction momentanée. Il faut bien séparer les besoins et les règles qu'à un intervenant en sécurité de celles d'un pratiquant d'art martial qui utilise ces points de pression comme méthode d'autodéfense personnelle.

Le système DAPP complète les techniques conventionnelles d'immobilisation, de défense et de prise de contrôle d'individus à problèmes. Il enseigne différentes applications permettant la maîtrise de contrevenants à haut risque. Il a la capacité de rendre l'utilisation des points de pression plus instinctive, diminuant ainsi le temps de réaction de l'agent.

Jumelé à des commandements verbaux adéquats, le système DAPP aide à diminuer la montée d'agressivité tant chez le contrevenant que chez les témoins de l'altercation. Son utilisation offre une image moins violente, ce qui permet de réduire considérablement la mauvaise impression souvent perçue lors d'intervention en sécurité. Grâce à ces nouvelles procédures, l'intervenant en sécurité court moins de risques de mettre en colère les badauds présents sur les lieux. Le volet verbal du système DAPP est conçu de manière à projeter une image moins agressive de l'intervenant et lorsque les consignes verbales sont respectées, la perception des témoins pourra pencher un peu plus en faveur de l'agent.

# Les avantages d'utiliser un tel système

Dans une société où les risques de poursuites en justice se font de plus en plus fréquents, un système comme le DAPP a pour objectif de diminuer ceux-ci pour l'agent. Le système DAPP permet de réduire les possibilités de blessures tant chez l'agent que chez le contrevenant. Il aide à limiter au maximum l'escalade d'agressivité dans le continuum de force. Il autorise également une réponse instinctive mieux appropriée à des agressions surprises. Les automatismes que crée le système DAPP amènent l'agent à s'adapter plus naturellement au niveau de force nécessaire.

Grâce aux commandements verbaux conjugués aux points de pression, l'altercation se termine généralement beaucoup plus rapidement, diminuant ainsi les risques liés à un attroupement nombreux. Plus une intervention s'étire dans le temps et plus elle projettera une image négative aux gens présents. L'utilisation des commandements verbaux, associés à une technique à la gestuelle moins agressive, permet de réduire l'incompréhension de la foule lors de telles interventions.

La méthode pédagogique utilisée lors de l'enseignement du système DAPP apprend à l'agent à mieux réagir en situation de stress. Il lui permet d'avoir une meilleure gestion de ses émotions. Une perte de contrôle émotionnelle est fréquemment génératrice d'agressivité tant chez l'agent que chez le contrevenant. Trop souvent, l'issue se solde par des blessures non intentionnelles qui auraient pu être évitées avec un minimum d'entraînement approprié. Plus l'agent possédera de formation sur le contrôle d'individu offrant de la résistance et plus il sera en mesure de gérer son stress lors d'une intervention.

# Bases du système pédagogique

La plupart des systèmes utilisent un type de pédagogie qui pousse l'intervenant à apprendre, de façon mnémonique à localiser et se souvenir de chacun des points de pression par un apprentissage intellectuel. Le système DAPP, quant à lui, repose sur un concept complètement différent. Il se base sur des techniques de neuro-programmation qui permettent, en situation de stress, un accès rapide du matériel acquis sans passer par la phase intellect-mémorisation. Le temps de réaction est un facteur important dans la dégénérescence d'une situation lors d'une intervention technique.

La rétention des techniques est plus naturelle, car le système est basé sur un principe pédagogique qui implique les quatre types d'apprenants. Les divers angles d'approches qui sont utilisés lors de l'enseignement du DAPP par un instructeur certifié facilitent la rétention de la formation que doit acquérir l'agent lors de l'entraînement du DAPP.

Le programme est scindé en différentes mises en situation qui sont le reflet exact des besoins de l'intervenant. Au moment où l'agent replonge dans une situation semblable, son subconscient utilise alors des points de repère que l'on appelle code-signal en termes de programmation psychologique des techniques. Il devient ainsi beaucoup plus facile pour le cerveau de référer à ces procédures préétablies, et ce, même à un moment où l'intervention atteint son plus haut niveau émotionnel.

Cette technique d'apprentissage aide à acquérir des automatismes beaucoup plus rapidement que par les techniques d'enseignement conventionnelles. Cette méthode permet donc de limiter les risques de blessures dues aux pertes de contrôle émotionnel lors de situation à stress très élevée.

# Le développement du système DAPP

Instructeur en intervention physique depuis 1982 et présent dans le domaine de la formation de points de pression depuis 1987, Bernard Grégoire a constaté que les différents systèmes n'avaient pas ou peu évolué depuis leur fondation. Depuis 2004, un travail de recherche a donc été réalisé afin d'améliorer ces systèmes. La révision s'est axée principalement sur deux éléments: l'aspect technique et en second lieu le volet pédagogique.

Dans un premier temps, une refonte des points de pression a été faite en profondeur. De nouveaux points ont été ajoutés dans le but de couvrir le plus grand nombre de mises en situation possibles. Certains points ont été enlevés afin de minimiser les risques de blessures.

Dans un second temps, l'aspect pédagogique a été totalement renouvelé. Les anciens systèmes ne favorisaient l'acquisition que d'un nombre restreint de points de pression. La difficulté d'apprentissage ne facilitait pas cette appropriation. Le système DAPP aide l'agent à développer son esprit d'adaptation lors de nouvelles situations qu'il n'a pas pratiquées durant la formation. Cette faculté de s'ajuster permet de faire face à toutes les situations que peut rencontrer l'intervenant en sécurité.

Les nouvelles techniques d'enseignement du DAPP aident à augmenter de façon significative la maîtrise et l'acquisition de nouveaux points de pression.

# Qui peut utiliser le système DAPP?

Le système DAPP requiert peu d'entraînement. Son apprentissage et sa rétention sont faciles. La formation en DAPP n'exige aucune aptitude particulière. Cependant, comme toutes les formations en intervention physique qui s'enseignent dans le domaine de la sécurité, une reprise de la formation est souhaitable après la première année et obligatoire au bout de deux ans. Comme tous les outils, plus on les utilise et meilleur on devient. Si l'agent travaille à un poste où il n'a pas recours aux méthodes de contrôles d'individus réfractaires, il y a de fortes chances que son habileté diminue avec les années. Les risques de blessures peuvent augmenter avec le temps. Un rafraîchissement des techniques devient alors nécessaire.

Homme ou femme, sans égard pour la stature ou la force physique, peuvent bénéficier de l'apprentissage du système DAPP. Quiconque doit intervenir physiquement lors de son travail trouvera avantage à acquérir cette formation. La simplicité même du système fait de ce nouvel outil un atout majeur pour le travail du policier ou de l'agent de sécurité. Bien qu'avoir pratiqué des arts martiaux peut être un plus, ce n'est cependant pas un prérequis.

# Quelles sont les limites du système DAPP?

Dans le domaine de la sécurité, il n'existe aucun outil parfait. Or, plus on en possède, mieux notre travail sera effectué. Aucun système n'est à l'abri d'un individu qui pourrait faire une crise cardiaque, même sur un simple contrôle articulaire. Il faut être conscient du fait que chaque intervention physique est un acte qui comporte des risques susceptibles d'occasionner des séquelles tant chez l'agent que chez le contrevenant. On ne peut éviter totalement ces risques, mais on peut en réduire le pourcentage en se munissant des outils appropriés. Le DAPP ne remplace pas les autres systèmes de contrôle, il ne fait que porter assistance à l'agent afin de l'aider à mieux gérer des individus réfractaires.

Sous l'effet de drogues fortes, un contrevenant ne ressentira possiblement pas les points de pression. Le système DAPP a prévu l'enseignement de certains contrôles articulaires pour ces situations. Cependant, il ne peut remplacer totalement une formation spécialisée dans ce domaine. Il appartient à l'agent de maintenir ses différentes formations à jour.

En cas de problèmes, si un individu se révèle incontrôlable, il n'y a aucune honte à battre en retraite. Il faut connaître ses limites et se souvenir qu'il est fréquent de voir quatre ou cinq agents avoir de la difficulté à maîtriser un seul individu. Si l'on travaille seul, il est d'autant plus difficile de gérer ces cas extrêmes.

# Commandements verbaux

Les commandements verbaux sont indissociables des techniques enseignées dans le système DAPP. Leur utilisation est justifiée de plusieurs façons. Dans un premier temps, ils permettent de renforcer le code-signal, facilitant ainsi un accès rapide aux techniques en situation de stress. Leurs utilisations offrent à l'agent une zone mentale reconnue, un point de repère sécurisant, l'aidant à diminuer les risques d'une perte de contrôle en situation de stress. Bien entendu, cette utilisation n'est possible que si l'agent s'entraîne à utiliser ces commandements verbaux au moment de la formation. C'est à partir de cet instant que l'on pourra amorcer la création d'un code signal.

Les commandements verbaux appropriés ont également la particularité d'expliquer aux gens qui observent la scène que ce n'est pas l'agent qui est agressif, mais plutôt le contrevenant qui utilise des gestes de violence et d'agressivité. Un ordre tel que: «**Monsieur, cessez d'être agressif**» démontre aux badauds que le contrevenant agit en agresseur et que l'agent subit cette violence. Un policier qui tente de contrôler un individu récalcitrant sans les commandements verbaux peut donner l'image qu'il est lui-même est en train d'assaillir le contrevenant. Ce dernier ne se gênera probablement pas pour crier que l'agent lui fait mal, qu'il est agressé. Il ne faut en aucun cas que le contrevenant soit perçu comme une victime, mais bien comme une personne qui menace la sécurité de l'agent. En n'obéissant pas aux commandements verbaux, il démontre sa volonté de résister et de combattre l'agent qui tente de le maîtriser.

Les commandements verbaux permettent d'occuper un espace sonore qui autrement serait laissé vacant. Couvrir cet espace vide distrait l'esprit du contrevenant. Si ce dernier ne sait pas ce que l'on attend de lui, il aura tendance à paniquer et deviendra imprévisible. S'il a peur, et c'est souvent le cas, on doit lui faire comprendre qu'il ne risque rien s'il coopère. De plus, le fait de lui parler fait en sorte d'occuper son esprit, de faire appel aux facultés de raisonnement qu'il lui reste. Il a ainsi plus de difficulté à échafauder des plans d'attaques ou d'évasion. Son subconscient l'amènera toujours à analyser la situation et lui permettre de conclure qu'il ne pourra qu'aggraver son cas s'il persiste. Les commandements verbaux pourront dans bien des occasions lui offrir une porte de sortie.

En situation de stress, et particulièrement sous l'effet d'une utilisation de points de pression, l'effet tunnel se fait sentir. Le cerveau rétrécit son champ d'observation. Ce phénomène est bien connu lors des poursuites policières en voiture. Pour cette raison, il est important que les commandements verbaux soient forts et précis. Si les conditions sont bien remplies, le contrevenant aura tendance à écouter et à obéir aux ordres afin d'éviter d'aller dans une zone où il n'a aucun contrôle de la situation. Les commandements verbaux deviennent alors le seul point de repère permettant de garder un certain contrôle sur ce qu'il vit.

Plus l'agent utilise le langage verbal, plus le contrevenant aura tendance à vouloir négocier et, de ce fait, à établir un contact. Les commandements verbaux engendrent donc une reprise ou du moins le point de départ d'un échange verbal. Il est important de tenter de discuter avec le contrevenant, de créer un contact qui ne soit pas que physique. Dans la plupart des cas, il y a généralement une baisse d'agressivité de sa part, donc moins de chance de blessure pour les deux parties.

Durant l'entraînement, toutes les techniques de contrôle doivent être faites en utilisant les commandements verbaux. Il n'est pas naturel, pour la plupart des travailleurs du domaine de la sécurité, de communiquer verbalement. Chaque intervention doit s'accompagner des paroles adéquates. On ne le répètera jamais assez, il faut qu'après le stage de formation, l'intervenant ait développé l'automatisme des commandements verbaux. Il faut qu'il puisse être en mesure d'utiliser facilement tant les points de pression que les commandements verbaux. **Il est important de relâcher la pression dès que le contrevenant a obtempéré.**

# Le continuum de force

Le continuum de force est l'échelle de gradation des moyens déployés lors d'une confrontation avec un individu que l'on doit arrêter. L'agent doit respecter la gradation des mesures utilisées pour restreindre une personne. Les continuums peuvent légèrement varier selon le pays ou l'état où a lieu l'intervention. C'est pourquoi ici, nous ne donnons qu'un exemple de cette gradation.

### Présence de l'agent

Dans bien des situations, la seule vue d'un uniforme est suffisante pour que les gens obtempèrent. Il est essentiel que l'agent puisse s'identifier d'une quelconque façon. L'uniforme peut servir à identifier l'agent, mais des commandements verbaux associés à l'uniforme ou à l'insigne protégeront davantage l'intervenant s'il y a poursuite en justice.

### Commandements verbaux

À moins de force majeure, tel que pour sauver une vie ou se protéger d'une attaque, l'agent doit demander à la personne qu'il interpelle ce qu'il attend d'elle. Maîtriser un individu en l'agressant sans utiliser de commandements verbaux est difficilement justifiable devant une cour de justice. À ce stade, l'agent doit être en mesure de prouver que la personne interpellée n'a pas voulu obtempérer. Il ne peut y avoir de coopération si la personne que l'on désire contrôler n'a aucune idée de ce qui se passe.

### Techniques à mains vides

On doit se conformer au niveau de force utilisée par le contrevenant. S'il n'offre qu'une résistance passive en demeurant assis au sol, l'utilisation d'arme d'impact sera considérée comme une utilisation de force excessive. Avant de passer à un stade plus agressif, il est important de faire tout ce qui est en notre pouvoir pour le contrôler à mains nues, à condition que notre intégrité ne soit pas menacée.

### DAPP

Le DAPP complète bien les techniques de prise de contrôle à mains nues. Comme il est moins à risque qu'un contrôle articulaire, le DAPP intervient à ce niveau.

### Contrôles articulaires

Les arts martiaux ont offert au domaine de la sécurité une multitude de techniques d'immobilisation et de contrôle articulaire. Plusieurs de ces contrôles comportent cependant certains risques de causer des blessures. Savoir bien utiliser ces techniques exige un bon niveau de compétence pour minimiser les risques d'incident.

### Techniques de frappes

Les techniques de frappes ne peuvent être utilisées que si l'agent n'a pas le choix d'y recourir afin de protéger son intégrité physique. Toutes frappes comportent des risques de blessures et parfois de lésions sérieuses. De plus, l'image que donne l'utilisation de ces techniques ne pourra que jouer en défaveur de l'agent s'il se retrouve à devoir justifier sa procédure de contrôle.

### Strong Arm

Ce protecteur d'avant-bras est un outil passif qui permet d'absorber de forts impacts. Dissimulé sous la chemise, il permet d'éviter le stress qui est souvent relié aux armes d'impact. Il est particulièrement efficace pour contrer les attaques-surprises avec objets contondants.

### Armes d'impact et chimiques

Que ce soit les bâtons ou les agents chimiques, ce niveau de force doit être justifié et ne pourra être utilisé que lorsque les autres niveaux de forces du continuum n'auront pas suffi à la tâche.

### Force mortelle

Les armes à feu et tout ce qui est létal doivent pouvoir être justifiés en cas d'utilisation.

# Dans quelles circonstances peut-on utiliser le DAPP?

Le système DAPP peut s'utiliser dans toute situation où la force nécessaire est requise pour contrôler un individu récalcitrant. Le continuum de force doit être respecté en tout temps. Le DAPP ne s'utilise que si les commandements verbaux échouent.

À partir du moment où l'on tente de maîtriser physiquement un individu, le système DAPP peut être utilisé afin d'augmenter la vitesse de prise de contrôle du contrevenant et de diminuer les risques de blessures que peut entraîner une situation se prolongeant indûment.

Le système peut s'utiliser lors de résistance passive comme lorsque l'on est dans l'obligation de déplacer un individu. Toute action doit cependant respecter la réglementation en vigueur sur les niveaux de forces prescrites par loi dans le pays où se trouve l'agent.

Le système DAPP peut s'utiliser pour porter assistance aux policiers lors de la mise des menottes.

Le système DAPP peut être utilisé pour des reprises de contrôle lors de techniques d'escortes à risque.

Le système comprend quelques techniques de défense à mains nues contre des attaques aux poings. Ces techniques s'utilisent si l'agent n'a pas le temps de prendre du recul afin d'utiliser d'autres techniques. Pour chacune des techniques démontrées dans la formation du DAPP, une prise de contrôle du contrevenant est enseignée.

# Le temps de réaction

Le temps de réaction est un processus qui se divise en plusieurs étapes. Bien comprendre comment fonctionne ce mécanisme nous aide à mieux gérer notre procédure d'interpellation.

**1- La perception :** À cette étape, l'œil capte l'attaque, le corps absorbe les impacts d'un coup frappé. Bien que, le plus souvent, cette première collecte d'informations soit visuelle ou tactile, les autres sens peuvent être mis à contribution, en particulier l'audition. Même l'odorat peut aussi être mis à participation. C'est à cette étape que l'on réalise que le poing de l'agresseur se dirige à notre figure ou qu'une lame est sur le point de nous perforer l'abdomen. C'est la prise de conscience de l'attaque. À ce stade, l'assaillant a déjà une longueur d'avance sur nous.

**2- Cheminement de l'information visuelle ou autre jusqu'au cerveau :** Par le nerf optique, le message se rend au cerveau. Si c'est le corps qui reçoit un coup frappé, l'information parvient au cerveau par le biais du système nerveux. À cette étape, les gens qui n'ont pas l'entraînement adéquat sont encore en mode constatation. Dans bien des cas, le cerveau tombe en situation de détresse, il ne sait pas comment réagir. L'agent essaie de se protéger comme il le peut, souvent en ne prenant pas les bonnes décisions si les automatismes nécessaires ne sont pas présents lors de ses formations.

**3- Analyse de l'information :** C'est à cette étape du processus que l'agent réalise le danger encouru. Il parvient, malgré l'attaque, à analyser la situation afin de trouver la solution qui sera la plus adéquate à son problème. Encore une fois, un agent mal entraîné aura de la difficulté à effectuer cette évaluation sous l'emprise du stress.

**4- Établissement d'une stratégie tactique défensive et création d'un plan pour reprendre le contrôle de la situation:** À cette étape, le cerveau construit sa stratégie défensive en utilisant le vécu accumulé au cours de sa vie : soit ses expériences personnelles, la formation reçue, etc. Les options qui s'offriront à lui seront basées sur son apprentissage et son vécu tant par une formation adéquate que par son expérience sur le terrain.

**5- Envoie des messages nerveux au système musculaire pour amorcer l'action motrice :** Une fois qu'il aura décidé de la stratégie à effectuer, le cerveau enverra les informations au système nerveux afin d'amorcer l'action. Chaque fraction de seconde est précieuse dans une confrontation.

**6- L'action motrice elle-même :** À partir de cet instant, le bras va bloquer une attaque ou les jambes vont effectuer un déplacement afin d'éviter le projectile ou le coup frappé qui se dirige vers l'agent.

Ce qu'il faut retenir de tout ça, c'est que votre adversaire est déjà dans l'action motrice alors que vous êtes encore au stade de la perception. Si vous ne possédez pas l'entraînement adéquat et les automatismes nécessaires à ce type de situation, votre attaquant atteindra probablement sa cible.

Je dis souvent à mes étudiants d'arts martiaux que même si une personne est une bonne ceinture noire d'un quelconque art martial et qu'il n'a pas le temps de bloquer le premier coup de poing, il perdra probablement son combat. Pourtant à ce niveau de formation, il possède les connaissances nécessaires pour contrer n'importe qui. Le problème vient des automatismes et d'un manque de perception. On doit s'entraîner à pouvoir parer cette première attaque. On doit développer une conscience des dangers potentiels. Pour y arriver, on doit percevoir plus tôt, on doit avoir des stratégies qui nous ont été inculquées afin de pouvoir réagir en temps réel.

Le système DAPP permet d'intervenir avant l'étape de l'élaboration de la stratégie, ce qui sauve un temps précieux. Les automatismes créés permettent de diminuer le temps de réaction à ce stade du processus mental.

# La distance de réaction

La distance de réaction suggérée pour tous les systèmes policiers est de deux (2) mètres (six pieds) et ne devrait jamais être franchie, à moins de vouloir établir un contrôle physique. La distance peut varier en fonction de l'expérience et de l'entraînement de l'agent ou du policier. Si cette réalité est facile à décrire sur papier, il en va tout autrement dans la réalité. Pensez qu'un bon pratiquant d'art martial ne mettra qu'une fraction de seconde pour vous décrocher un coup de pied à la tête dans une distance plus courte.

Il est rare qu'un intervenant en sécurité puisse tenir cette distance lors d'une conversation avec un individu, qu'il soit suspect ou non. La plupart des gens ont tendance à s'approcher à une longueur de bras de l'agent. Il faut apprendre à délimiter une bulle de protection qui en aucun cas ne devrait être franchie par la personne que l'on interpelle. C'est l'agent qui doit décider du moment où il y aura contact physique.

L'ennemi numéro un de tous les intervenants en sécurité est sans aucun doute la routine. L'agent doit apprendre à demeurer alerte en tout temps et ne pas faire confiance à qui que ce soit. En cas d'attaque-surprise, un entraînement adéquat et un positionnement sécuritaire sont les atouts les plus précieux pour sa survie.

# Les pertes d'énergie

Lorsqu'un agent doit intervenir auprès d'un ex-détenu, par exemple, il se retrouve face à un individu qui a eu le temps de s'entraîner, qui a reçu une alimentation supervisée par des professionnels de l'alimentation optimale et de plus, il est déterminé à ne pas se laisser faire. Lors d'une confrontation physique, il peut donc utiliser une énergie maximale, qui est généralement supérieure à celle que peut fournir l'agent. Si le temps de résistance maximale que peut donner l'agent en période de confrontation physique est de 50 secondes et que le contrevenant peut se rendre jusqu'à 55 secondes d'effort maximal, il y a des risques accrus que l'agent se retrouve avec des blessures graves.

La première étape est bien sûr la mise en forme physique. Si vous êtes du type à être essoufflé en attachant vos lacets de souliers, il y a un problème. Un minimum d'entraînement physique sur une base régulière est un atout précieux. Sinon, le seul moyen pour l'intervenant en sécurité d'équilibrer cet écart de résistance est de prendre le maximum de formation.

Avant même que la confrontation en soit venue au contact physique, l'agent a déjà subi une perte d'énergie en raison du stress que génère la situation. La simple pensée de l'altercation qui va survenir dans les secondes qui suivent est déjà une grande perte d'énergie. L'adrénaline n'est pas un facteur décisif, car elle joue dans les deux camps, équilibrant ainsi l'avantage qu'elle pourrait apporter.

Seules des techniques adéquates, jumelées à un entraînement approprié, peuvent rétablir ce rapport de force.

# Justification des techniques

Tous les intervenants en sécurité doivent être en mesure de justifier le mode et les techniques d'intervention qu'ils ont choisi d'utiliser. Chaque point de pression que l'on applique, chaque clé de bras employée doit faire partie d'un ensemble stratégique cohérent qui respecte le continuum de force. On n'utilise pas un point de pression parce qu'on en a la possibilité, mais bien parce que l'on en a besoin pour contrôler un individu rebelle.

Après chaque intervention, l'agent doit pouvoir décrire dans son rapport, la technique utilisée et la raison qui l'a poussé à se servir de cette technique plutôt qu'une autre. Il ne faut pas, en cas de poursuite en justice, que l'avocat du contrevenant puisse mettre en doute son professionnalisme en soutenant que l'intervenant a utilisé des techniques spécifiques sans trop savoir pourquoi.

Dans le système DAPP, chaque utilisation d'un point de pression apporte un contrôle, un déplacement, un déséquilibre ou une technique de distraction permettant à l'agent d'échafauder une manœuvre de contrôle. Chaque procédure a une raison stratégique que l'agent doit comprendre.

Dans son choix des techniques, l'intervenant en sécurité est motivé par l'obligation de répondre à des attaques déterminées ou par la nécessité d'effectuer une prise de contrôle pour des raisons justifiées dans l'accomplissement de ses tâches.

# Utilisation tactique

Vous remarquerez que les commandements verbaux, les points de pression et les contrôles articulaires s'entremêlent de manière continue, lors de l'enseignement des blocs d'instruction. Ces séquences répétitives ont pour objectifs de développer les automatismes nécessaires qui permettent de diminuer le temps de réaction et de sécuriser l'agent lors de son travail.

Le système DAPP se compose de quelques contrôles articulaires de base qui ont le mérite de s'acquérir facilement et rapidement. Le système y consacre un certain temps, mais sans mettre l'emphase sur ce type de techniques. Le système DAPP n'a pas pour but de remplacer un cours d'intervention physique où les contrôles articulaires sont à l'honneur. Le système DAPP a pour objectif de compléter les autres systèmes et non de les remplacer.

Le système DAPP enseigne plusieurs techniques différentes pour arriver à effectuer un même contrôle. La raison en est très simple : il faut que chaque intervenant trouve des outils avec lesquels il se sent particulièrement confortable. L'agent n'a pas besoin de retenir toutes les techniques qu'il apprendra lors du stage de formation. Il doit davantage mettre l'emphase sur les techniques avec lesquelles il se sent plus à l'aise. Le système DAPP offre fréquemment plusieurs possibilités pour le même problème.

Chaque individu possède sa propre stature physique, grandeur, poids et force physique. Chaque personne possède un état émotionnel qui lui est propre et qui peut changer selon l'humeur du moment. Chaque intervenant doit apprendre à utiliser les techniques avec lesquelles il se sent à l'aise, des techniques qui correspondent à ses possibilités physiques et émotionnelles. Plus la manœuvre lui semblera naturelle et plus il sera efficace.

# Fonctionnement des blocs d'instruction

L'apprentissage des points utilisés et des techniques enseignées se fait par incrémentation. C'est-à-dire que de nouvelles techniques et de nouveaux points de pression sont ajoutés à chacun des blocs d'instruction. Au cours du déroulement de la formation, chaque nouvelle technique peut utiliser les points qui ont déjà été enseignés dans les blocs précédents. De cette façon, l'étudiant revoit constamment les points qu'il a appris auparavant et apprend à les utiliser de façon naturelle, sans avoir besoin de toujours recourir à sa mémoire et à sa compréhension intellectuelle, puisque cette phase d'assimilation a déjà été accomplie.

Au lieu d'apprendre les divers points de pression séparément, les étudiants les abordent dans une logistique plus globale. Cette méthode de travail permet d'assimiler plus rapidement l'interaction des divers points de pression nécessaire au contrôle d'individus récalcitrants.

Chaque bloc d'instruction exprime une mise en situation possible lors du contrôle de personnes agressives. L'ensemble des blocs couvre la plupart des éventualités que peut rencontrer un agent au moment d'une tentative de prise de contrôle physique d'un contrevenant.

# Modes d'applications

Les points de pression doivent s'utiliser en respectant des principes de bases importants afin d'éviter tout abus ou toutes blessures potentielles. Pour arriver à maîtriser les diverses façons d'utiliser les points de pressions, l'agent n'a pas d'autre choix que d'accepter de subir ces techniques. De cette façon, il apprend les limites du système et développe une meilleure efficacité lorsqu'il doit les utiliser en situation réelle. Il comprend ainsi pourquoi et quand l'utilisation de ces points de pression doit cesser.

Les points de pression ne s'utilisent pas tous de la même façon. Il y a des points que l'on peut frapper sans aucun risque et d'autres que l'on doit appliquer du bout des doigts avec légèreté. Il y en a qui doivent être exécuté en dégageant délicatement les muscles et d'autres qui s'offrent à nous sans demander aucun traitement spécifique. Lorsqu'on se sert de ces points, l'agent doit être conscient du type d'application qui sera apte à mieux contrôler le contrevenant.

**Les percussions**

Tous les systèmes de points de pression se servent des techniques de frappe. La plupart des gens n'utilisent cependant pas la bonne méthode pour arriver à atteindre le point en question. Nous préconisons des frappes en vibration. Cette méthode de frappe a pour but de créer une onde de choc qui traverse la masse musculaire afin d'aller affecter le nerf visé. Ce procédé permet d'utiliser le matériau musculaire afin d'atteindre les zones recherchées. Dans la plupart des cas, plus le contrevenant est musclé et mieux ces principes fonctionneront.

Ces techniques de percussion doivent respecter des protocoles définis afin d'obtenir le maximum d'efficacité lors de leurs mises en application. Ces techniques sont différentes d'un coup de poing qui pourrait casser une planche ou briser une brique. Elles ne causent pas de dommage et ne font que créer une dysfonction motrice sur le nerf visé. En aucun cas, elles ne peuvent être utilisées à la tête. Ces techniques ne sont consacrées qu'à certaines zones des bras et des jambes.

### Toucher pression

Plusieurs points de pression nécessitent un contact physique suivi d'une utilisation rapide du point de pression visé. Ce premier contact physique empêche l'intervenant en sécurité de frapper directement certains points sensibles qui autrement pourraient être dangereux pour le contrevenant. Cette procédure empêche qu'une pression du bout des doigts se transforme en une frappe du bout des doigts. Certaines zones plus délicates sont faciles à endommager en se servant d'une technique de frappe basique.

Il est primordial de déposer le bout des doigts sur la zone cible que l'on veut atteindre. La pression ne s'effectuera qu'après avoir établi le contact du bout des doigts avec le corps du contrevenant.

### Pression-contre-pression

À moins de vouloir inverser une attaque de la part du contrevenant, on utilisera une contre-pression de l'autre main afin de sécuriser le contrevenant. Cette procédure protège le contrevenant des risques de luxations des vertèbres lors d'une intervention où ce dernier se débat trop. Pour parvenir à faire ce type d'utilisation, on doit déposer la main à l'opposé de la partie que l'on désire atteindre. On vise généralement des points situés à la tête. Il faut éviter de créer des tensions aux vertèbres du contrevenant. Le fait d'appuyer l'autre main sur le côté opposé sécurise son cou.

### Pression corporelle

On se sert parfois d'une autre partie que les doigts pour effectuer un point de pression, dans certains cas on peut même utiliser tout le poids du corps afin de créer un contrôle par dysfonction motrice ou un contrôle par la douleur. Cette procédure permet à un agent de petite stature de contrebalancer le déséquilibre de poids. On ne se sert pas de ces procédures n'importe où et n'importe comment. Par exemple, on peut appuyer nos jointures pour contrôler la main d'une personne qui est au sol. Cette façon de faire nous aide à gagner une fraction de seconde afin de passer à autre chose. On peut également utiliser nos genoux, les coudes ou les tibias pour arriver aux mêmes fins.

# Principes d'utilisation du système DAPP

Le système DAPP, comme tous les systèmes employant les points de pression, repose sur des utilisations diversifiées, basées sur des principes biomécaniques variés.

Il est essentiel que l'agent comprenne le but de l'utilisation de chacune des méthodes d'application. On n'utilise pas un point pour se montrer supérieur ou pour le plaisir de créer une douleur. Chacune des utilisations est basée sur un principe qui nous permet d'atteindre un objectif.

### Contrôle par la douleur

Plusieurs points utilisent la douleur comme outils pour gérer le contrevenant. Les points utilisés même s'ils créent de fortes douleurs sont reconnus pour leur sécurité d'application.

Ils ne doivent pas être susceptibles de causer des blessures corporelles graves. Il est très important que les commandements verbaux accompagnent l'utilisation de tels points de pression. **Dès que le contrevenant a obtempéré aux ordres de l'intervenant, toute pression doit immédiatement cesser.** Il faut cependant que l'agent soit prêt à reprendre le contrôle à tout moment si l'individu redevient agressif ou refuse d'obéir.

Le but de créer une douleur est de modifier le schème de pensée d'un contrevenant. En résistant à son arrestation, il est en mode offensif. Il faut que durant un court moment, il change ce mode offensif en un mode défensif. L'objectif est d'amener le contrevenant à exécuter un repli sur lui-même afin qu'il cesse pour un instant d'être une menace dangereuse pour l'agent.

Lorsqu'un individu ressent de la douleur, il devient difficile pour lui de penser clairement. Pour échapper à cette douleur, les commandements verbaux offrent au contrevenant un moyen d'y mettre fin. Si l'on n'applique pas les commandements verbaux, le contrevenant ne sait plus ce qui se passe et dans la panique, il peut devenir encore plus dangereux. Il faut arrêter d'appliquer la douleur dès que toute résistance physique a cessé.

### Dysfonction motrice

Que ce soit par pression ou par percussion, la dysfonction motrice a pour but de couper le message nerveux qui se rend au muscle. Elle est sécuritaire et tout le monde l'a déjà expérimentée un jour ou l'autre en se cognant simplement un coude.

On peut comparer la dysfonction motrice au système d'allumage d'une voiture. Si l'on sectionne les fils de la bougie, le moteur est toujours fonctionnel, mais ne peut démarrer. C'est le même phénomène qui se passe lorsqu'on se cogne le coude. Le bras devient inutilisable durant quelques minutes et retrouve sa dextérité rapidement, sans qu'il y ait de séquelles.

La dysfonction motrice crée une zone temporelle où le contrevenant atteint un point que l'on pourrait qualifier de point neutre psychologique. Cette dysfonction offre à l'agent un court moment où le contrevenant relâche sa combativité. Généralement, par réflexes sympathiques, les autres membres du corps relâchent toute leur tension durant un court instant. Cet intervalle laisse suffisamment de temps à un agent bien entraîné pour prendre le contrôle du contrevenant.

### Réflexe sympathique

Si l'on effectue une percussion au nerf radial du bras du contrevenant, il y a de fortes chances que ses jambes fléchissent. C'est ce que l'on appelle le réflexe sympathique. Les jambes sympathisent avec les bras. Ce principe ne fonctionne pas toujours, mais dans la majorité des cas il peut être utilisé. Que l'on applique un point sur une jambe ou sur un bras, les autres membres auront tendance à suivre.

### Arc réflexe

C'est le petit geste qui fait qu'on éloigne rapidement la main de la flamme de la chandelle lors d'un contact involontaire avec le feu. On peut utiliser ce principe pour faire lâcher la main de quelqu'un qui nous agrippe. Avec un entraînement adéquat, on peut réussir à profiter de ce repli pour faire une prise de contrôle de l'agresseur. Ici aussi, on ne peut jamais être certain à cent pour cent. Certaines personnes n'ont aucune sensibilité.

## Distraction de la pensée

Les points de pression permettent d'attirer l'attention du contrevenant à un endroit déterminé, permettant une ouverture pour appliquer une stratégie particulière. Plusieurs techniques de contrôle du système DAPP utilisent ce principe. Là aussi, on joue sur le schéma de pensée du contrevenant.

Tenter de maîtriser une personne en s'acharnant à lui faire une clé de bras est un geste prévisible. Le distraire en appuyant un point à un endroit différent l'amènera à oublier ce bras durant une fraction de seconde. Ce temps est généralement suffisant à l'agent bien entraîné pour reprendre le contrôle de la situation.

## Technique de déséquilibre

Le système DAPP permet d'utiliser les points de pression dans le but de créer une redistribution du poids du corps. Un déséquilibre est ainsi obtenu, créant des circonstances favorables pour un contrôle articulaire.

Dans une situation où l'agent et le contrevenant se saisissent l'un et l'autre au collet, c'est le plus lourd et le plus rapide des deux qui sera le plus susceptible de terrasser l'autre. L'utilisation des points de déséquilibres égalise les chances de l'agent, surtout s'il est de petite stature.

## Les réfractaires

Important : Statistiquement, environ 7 % des gens ne ressentent rien sur certains points de pression. Il faut donc toujours être prêt à enchaîner avec une technique différente si l'on constate l'échec celle appliquée. Être bon, ce n'est pas de réussir la technique, c'est de pouvoir s'adapter et de pouvoir passer rapidement à une autre stratégie lorsque ce que l'on a tenté de faire ne fonctionne pas. Réussir du premier coup c'est simplement être chanceux. Certaines personnes sont réfractaires à certains de ces points. Si vous prenez un ouvrier de la construction, il y a de fortes chances que les points sur les bras ne fonctionnent pas du tout. Ces gens se font constamment accrocher sur ces membres. Ils se cognent fréquemment et ils ont appris à passer outre ce type de douleur. C'est la même chose avec un bagarreur qui a eu le nez cassé à quelques reprises. Les points qu'il y a sous le nez ou au visage n'auront aucun effet sur lui.

Cependant, il y a un phénomène étrange qui fait que souvent les gens qui ne sentent pas certains points sont plus sensibles à d'autres endroits. Une personne qui ne ressent rien au bras peut être hypersensible aux jambes. Malheureusement, en situation réelle, on n'a pas le temps d'explorer. Si la technique ne fonctionne pas, il faut pouvoir passer rapidement à autre chose.

**Important : Dès que le contrevenant a obtempéré aux ordres de l'intervenant, toute pression doit immédiatement cesser.**

# Programme technique : Fonctionnement des commandements verbaux

Chaque bloc d'instruction comprend un espace où sont indiquées des suggestions de commandements verbaux. Vous remarquerez que la plupart de ces commandements se ressemblent, c'est voulu. Le but de l'exercice est d'apprendre aux gens qui suivent une formation DAPP à utiliser des commandements verbaux qui soient appropriés à une intervention physique. Vous aurez très vite l'impression que les commandements sont redondants et c'est tout à fait normal que vous ayez cette impression. Le but n'est pas de former des orateurs, mais de créer des automatismes. En situation de stress, il n'est pas rare de voir des intervenants se mettre à bafouiller. Ces répétitions ont pour but d'aider l'agent à garder le contrôle de ses émotions et de la situation. De plus, ces commandements verbaux sont un outil qui permet d'occuper l'esprit du contrevenant et d'aider à diminuer les risques que peut entraîner tout contrôle physique.

L'instructeur lorsqu'il donne la formation a l'obligation de s'assurer que chacun des participants utilisera des commandements verbaux à chaque phase de l'entraînement. Le but de l'exercice est de créer des automatismes pour briser cette barrière psychologique qui empêche la plupart des intervenants de s'exprimer et d'agir en même temps. Il peut être difficile, dans certains groupes et avec certains individus, de mettre fin à cette réticence à utiliser les commandements verbaux. Un bon instructeur doit apprendre à se faire obéir de son groupe et doit en garder le contrôle du début à la fin.

Il est important, lorsque l'on travaille avec le système DAPP, de se souvenir de l'importance des commandements verbaux. L'utilisateur doit comprendre qu'il fournit ainsi une justification de son comportement face à des témoins qui, autrement, le percevrait comme quelqu'un d'agressif qui intervient sans raison. Si un agent amène un contrevenant au sol avec une clé sans utiliser les commandements verbaux, la scène paraîtra très brutale pour la plupart des gens. Si vous utilisez des phrases telles que : « Cessez d'être agressif, couchez-vous sur le ventre », les témoins constateront plus facilement la combativité du contrevenant et son refus d'obtempérer.

En cas de poursuites en justice, l'utilisation des commandements verbaux pourra vous aider à démontrer l'agressivité du contrevenant et son manque de coopération. En cas de blessures infligées au contrevenant, vos commandements verbaux vous aideront à confirmer que vous avez respecté le continuum de force prescrit par la loi.

On peut utiliser des commandements verbaux pour sécuriser ou pour ordonner. L'intervenant doit apprendre à choisir les commandements adéquats en fonction de la situation. Si le contrevenant semble se plier aux ordres, on privilégiera des commandements plus sécurisants tels que : « Restez tranquille, ça va bien aller. » Les commandements verbaux sollicitent la partie inconsciente du cerveau. Le subconscient humain a la particularité d'être influençable. Même dans les pires situations de stress, il enregistre de l'information. Il nous appartient donc de lui donner une information adéquate pouvant agir sur son comportement inconscient. La partie consciente est celle qui élabore la stratégie défensive. Si on la surcharge d'informations comme, par exemple, avec des commandements verbaux, on provoquera un ralentissement variable du temps de réaction. Le système DAPP met à profit cette particularité du cerveau humain.

Pour un contrevenant agressif, on utilise davantage des commandements directs. Le cerveau enregistre surtout les derniers mots qu'il entend. On utilisera l'effet que l'on recherche en fin de phrase et en haussant le ton. « Cessez de vous débattre, **immédiatement**. » « Montrez-moi vos bras, **tout de suite**. » Si vous demandez à un contrevenant de se déplacer en utilisant une phrase comme : « Monsieur, vous devez vous déplacer, s'il-vous plaît », c'est très poli, mais le « s'il-vous-plaît » final sous-entend « si vous le désirez bien ». Il est préférable d'utiliser une phrase telle que : « S'il vous plaît, monsieur, vous devez vous déplacer. » Le mot « déplacer » étant situé à la fin, vos chances de succès se trouvent ainsi augmentées. L'action que l'on désire obtenir devrait toujours être le dernier mot d'une phrase directive. Ce sont les derniers mots qui imprègneront davantage le contrevenant.

Vous remarquerez que certaines phrases sont directionnelles, c'est-à-dire qu'elles servent à donner un commandement et que certaines autres sont indirectes. Les phrases interrogatives sont surtout utilisées lorsqu'on s'apprête à effectuer un contrôle physique sans qu'il y ait contact auparavant. Poser une question a pour but d'occuper l'esprit du contrevenant afin de ralentir son temps de réaction et d'avoir une meilleure ouverture à un contrôle articulaire. Si l'on pose une question et que le contrevenant prend le temps de répondre, c'est qu'il y a un dialogue ou une ébauche de dialogue. À partir du moment que ce lien est créé, une personne habile et bien formée pourra dans la plupart des cas désarmer l'escalade de la violence. L'instructeur est là pour guider les participants sur les ordres à utiliser.

Les phrases enseignées dans ce manuel le sont à titre d'exemples. Plus l'agent accuerra de l'expérience dans le DAPP et l'intervention physique, plus il pourra créer et utiliser son propre répertoire. Peu importe les phrases choisies, il faut toujours qu'elles soient logiques et justifiées dans le contexte de l'intervention. Il faut que les paroles soient faciles à comprendre dans un environnement sonore bruyant et dans des périodes de confusions. Il faut qu'elles soient prononcées avec force pour que le contrevenant vous comprenne et les badauds attroupés autour de vous les entendent également.

Dans les exemples de commandements verbaux, vous avez deux phrases. La première est à utiliser lorsque le contrevenant se débat ou se montre agressif. Le but est de lui donner l'opportunité d'arrêter la confrontation en lui ordonnant ce que l'on attend de lui. La deuxième sera utilisée si le contrevenant désire se calmer ou coopérer. Ce commandement a pour but d'offrir au contrevenant une issue lui permettant de se sentir en sécurité s'il cesse toute résistance, résistance qui découle souvent de la panique due à l'intervention elle-même. Souvent, le contrevenant hésite entre la coopération et la défense agressive. Ce type de commandement aide à le diriger vers un mode plus coopératif.

Quel que soit le type de commandement que l'on utilise, la politesse est toujours de mise. Pour les témoins extérieurs à la scène, des mots impolis démontrent l'agressivité de l'agent en uniforme. En cas de poursuite en justice, une impolitesse verbale est une arme qui peut se retourner facilement contre l'agent. Le public retient ce qui est négatif.

Il ne faut jamais oublier que, de nos jours, les caméras vidéo sont omniprésentes. Il y a des caméras dans les stationnements, les rues sans compter que la majorité des gens ont des téléphones cellulaires qui peuvent filmer. Plus que jamais, l'intervenant en sécurité doit d'être professionnel. Tout geste agressif ou non justifié est susceptible d'être utilisé contre lui. L'image qu'il projette lors d'une intervention est importante.

Un dernier point très important. Lorsque l'on ressent une douleur aigüe, il se crée un effet tunnel où l'on est graduellement coupé des stimulus extérieurs. Il faut que l'agent parle suffisamment fort pour vaincre ce processus d'effet tunnel. Le contrevenant se débattra s'il panique et s'il ne comprend pas ce qui se passe. Les messages verbaux sont une opportunité pour lui de faire cesser cette douleur. Il faut donc s'assurer de parler suffisamment fort pour que le message puisse passer et relâcher la pression une fois qu'il a obtempéré.

Les ordres donnés doivent être logiques et clairs. Si on demande au contrevenant de se retourner et qu'il a la possibilité de le faire de plusieurs manières, cela peut amener une certaine confusion. On doit guider le contrevenant soit par la parole ou soit par le geste en lui indiquant le plus clairement possible ce que l'on attend de lui.

# L'apprentissage par zones

Généralement, les formations utilisant des points de pression exigent de ceux qui les mettent en application une grande précision afin d'optimiser les chances de réussite. En situation de stress, il peut devenir difficile d'obtenir la précision requise dans la plupart des cas. Dans le système DAPP, on pense différemment. Plutôt que d'aller chercher un point spécifique exigeant la minutie d'un acupuncteur, on travaille sur une surface plus étendue que l'on appelle « zone de pression ».

Cette façon de faire exige moins de précision et est plus réaliste quant à ce que peut faire l'intervenant en sécurité lors d'une confrontation physique en situation réelle. À partir du moment où le contrevenant se débat pour résister à son arrestation, il devient difficile d'aller chercher un point précis. Naturellement, on ne peut échapper à l'élément précision sur certains points. Or, dans la majorité des cas, on pensera en zone de pression plutôt qu'en point de pression.

# Un aide-mémoire

Les blocs d'instructions qui suivent ne sont que des aide-mémoire. Ils n'ont pas pour but d'enseigner les techniques d'intervention, mais simplement d'aider les étudiants qui ont reçu une formation en DAPP à se remémorer ce qu'ils auront appris lors de leurs formations.

L'enseignement du DAPP est uniforme à travers le monde. Cependant, les techniques doivent être adaptées selon les lois et les différents continuums de force en vigueur dans les pays où se donnent les formations. Ce livre n'est qu'un aide-mémoire, en aucun cas il ne peut prétendre remplacer la formation sous la supervision d'un instructeur certifié DAPP.

L'auteur de cet ouvrage n'est pas responsable de techniques utilisés sans la formation supervisé d'un instructeur certifié DAPP. Avant d'utiliser ces techniques, un stage de formation est fortement suggéré afin de minimiser les risques de blessures.

# Blocs d'instructions

Les techniques sont présentées sous forme de blocs d'instruction individuels. Chaque bloc correspond à une situation déterminée et comporte différentes variantes. Pour chacune des sections, le contrevenant adopte une position déterminée. À la fin de la formation, l'ensemble des positions que peut prendre un individu à résistance élevé, a été vue.

Les points et les zones de pression apprise dans un bloc sont réutilisés lorsque c'est utile dans les blocs suivants. De cette façon, l'étudiant revoit et automatise l'utilisation de ces points.

Le cours de base est d'une durée de 8 heures. On ne peut remplacer une formation d'une journée par la simple lecture d'un livre sur le sujet. Le temps passé varie d'un bloc d'instruction à un autre.

Vous noterez également que le DAPP est conçu à l'origine pour travailler avec un ou deux agents. Dans la plupart des cas, les contrôles sont faits par un seul agent. Bien que les techniques soient prévues pour ces situations où l'agent est seul, le DAPP peut s'adapter facilement au travail de plusieurs personnes. Peu importe le nombre d'agents, toute douleur doit cesser dès que le contrevenant obéit aux ordres. Si l'on ne relâche pas la pression, il peut s'évanouir sous la douleur ou alors se transformer en une personne qui ne ressent plus aucune douleur et là le contrôle peut devenir difficile.

# Mode d'applications et démonstration pratique

**Les percussions**

On peut utiliser un coup de poing marteau, un coup de genou ou de talon pour exécuter ce genre de technique. Dans l'exemple ci-dessous, on utilisera les poings. Il faut que le poing soit détendu au moment de l'impact. Pour comprendre comment cela fonctionne, donnez avec force un coup de poing dans la paume de votre autre main et remarquez l'effet. Puis refaites le même exercice en laissant votre main mourir sur votre paume et en pliant les genoux. Vous remarquerez que l'onde de choc pénètre davantage en profondeur. C'est l'objectif, traverser les zones musculaires pour atteindre le système nerveux.

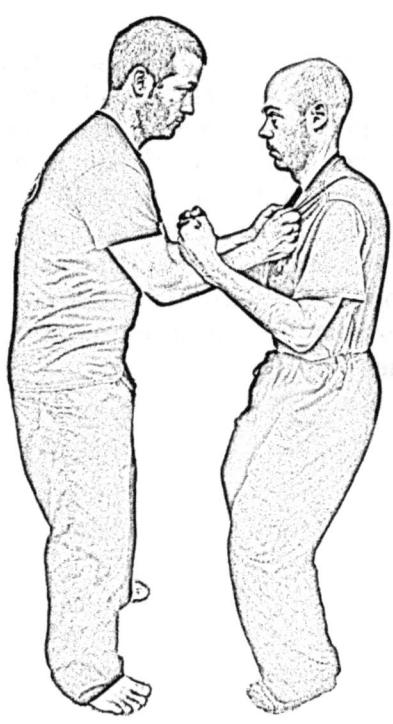

Dans l'exemple ci-dessus, une personne vous saisit au collet à deux mains, on frappera sur ses nerfs radiaux en prenant bien soin de plier les genoux. On laisse mourir nos poings sur le dessus du bras de l'agresseur. En maintenant le contact plus longtemps possible, l'onde de choc provoqué agira plus en profondeur, permettant ainsi d'atteindre sa cible. Idéalement, on frappera deux fois. La première fois fera tendre les muscles de l'agresseur et la seconde, sera celle où l'onde de choc pénétrera en profondeur afin d'atteindre le nerf radial.

**Toucher-pression**

Pour certains points, afin d'éviter des blessures, il est préférable d'établir un contact avec le corps du contrevenant avant de faire un point de pression. Cette procédure minimise les risques de blessures liés au stress. L'étudiant doit développer cet automatisme de toucher avant d'utiliser le point en question. Cela lui permet de mieux cibler le point et d'éviter de blesser le contrevenant. Prenons comme exemple le point de la trachée. On ne doit pas frapper du bout des doigts, mais bien s'assurer de déposer les doigts avant d'entreprendre la pression elle-même.

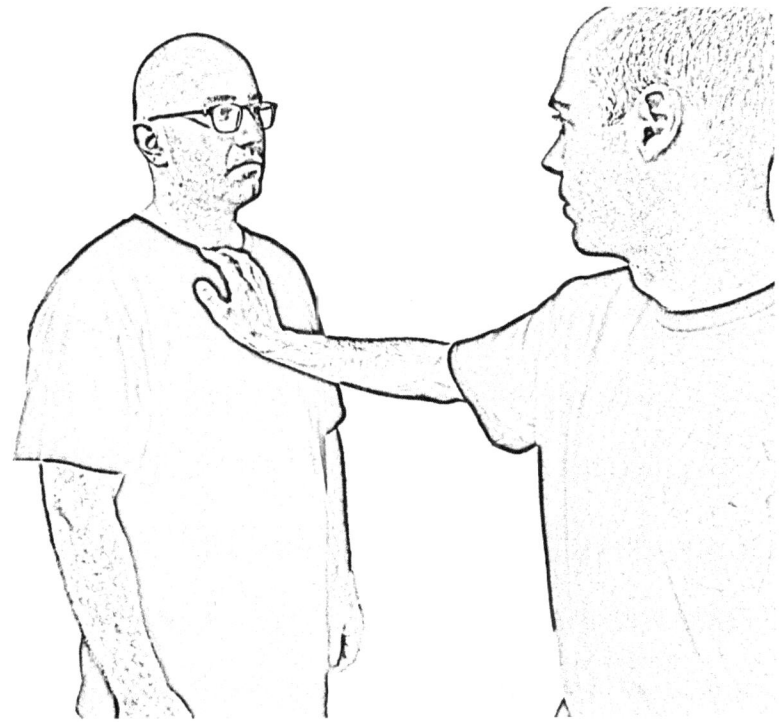

Lorsque l'on désire travailler avec des points de pression, il faut développer la sensibilité de nos doigts à sentir les cibles en questions. Avec de la pratique, l'utilisateur parvient à savoir instinctivement si tel ou tel point fonctionnera avec l'individu qu'il tente de maîtriser. En plus d'éviter les risques de blessures, le fait de déposer la main ou les doigts donne une impression défensive plutôt que de projeter une image agressive. Lorsqu'on utilise ces zones plus sensibles, on doit respecter les directions où l'on appliquera notre pression. Pour un point comme la trachée, on ira vers le bas, il ne faut jamais appuyer en ligne directe.

**Pression-contre-pression**

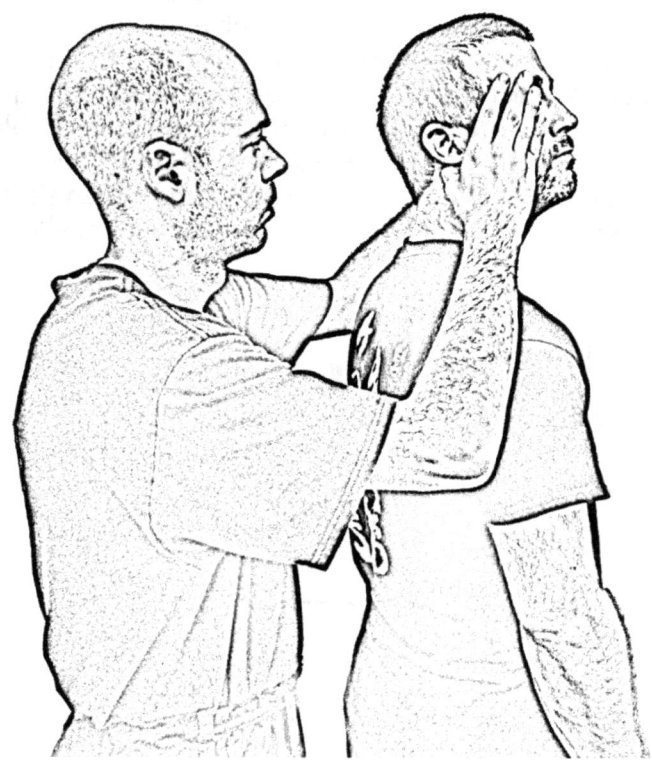

Certaines utilisations nécessitent une contre-pression. Sans cette contre-pression, l'utilisation de certains points ne ferait que projeter le contrevenant en l'éloignant de nous. Comme le but est de restreindre ses mouvements et non de l'éloigner, il est important d'utiliser l'autre main afin de maintenir le contrevenant en place. On maintient bien la tête pour éviter tout risque de blessure. De plus, en procédant de cette façon, on garde le contrevenant près de nous, diminuant ainsi le risque qu'il nous échappe. Sur ce type d'utilisation, il ne faut pas se servir de la tête pour déplacer le contrevenant. Ce sont les points de pressions qui le feront bouger là où l'on veut.

**Pression corporelle**

Dans bien des situations, les doigts seuls n'offrent pas la puissance nécessaire à contrôler un individu récalcitrant. Sur certains points, on doit utiliser tout le poids du corps pour restreindre certains individus. Cette façon d'agir permet à un agent de petite taille de contrebalancer le déséquilibre de poids qu'il y a entre lui et le contrevenant. On peut utiliser différentes parties du corps pour y parvenir. Attention, ces points ne s'appliquent que sur certaines zones spécifiques.

**Les jointures**

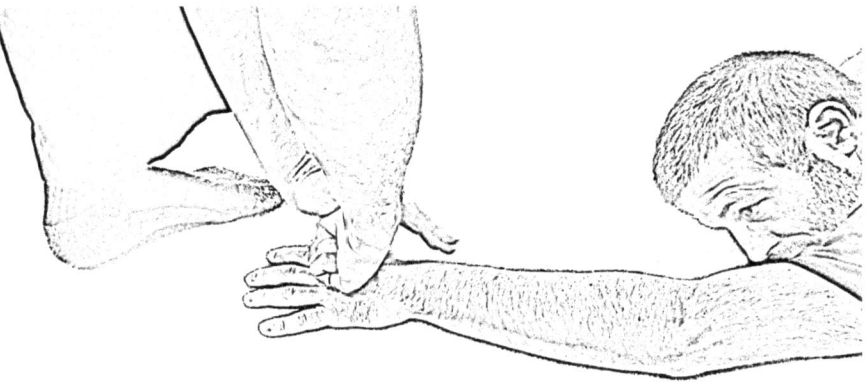

Dans de rares situations, on peut parvenir à freiner la résistance d'un contrevenant simplement par l'utilisation des jointures. Généralement, on utilisera cette manœuvre pour gagner quelques fractions de seconde, le temps de passer à autre chose. Dans cette situation-ci, on est loin du corps du contrevenant, mais on a accès à son bras qui est demeuré près de nous. On utilisera les jointures pour le maintenir en place une fraction de seconde. Le but de la manœuvre est de mettre suffisamment de pression sur le dessus de sa main afin que l'agent puisse remonter plus près de son corps et procéder à un contrôle articulaire.

## Les genoux

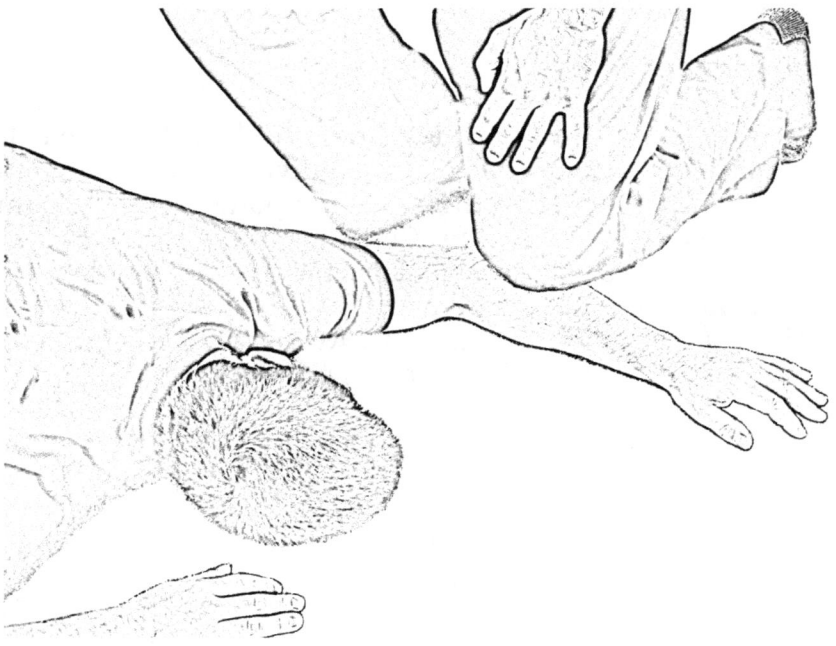

Utilisés dans des zones sécuritaires, les genoux nous permettent d'avoir les mains libres et donc, nous autorisent un accès plus facile aux menottes ou aux armes intermédiaires. Ces techniques bien que ne causant aucune séquelle à long terme sont douloureuses. Toute pression doit immédiatement cesser dès que le contrevenant a obtempéré. Ces techniques ont également l'avantage de nous permettre de demeurer éloignés de l'autre bras ou des jambes du contrevenant. Comme nos bras restent libres, on peut bloquer facilement les attaques qui peuvent être données. On peut également profiter de ce moment pour avoir accès à notre radio pour demander de l'aide.

## Les tibias

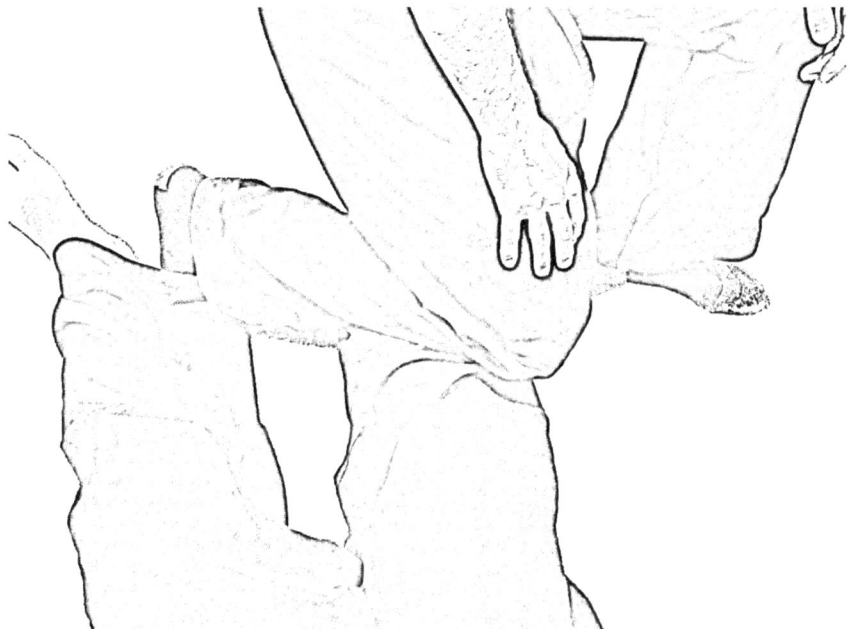

On peut utiliser nos tibias pour gérer certains points spécifiques. Il faut noter cependant que l'utilisation de tels points nécessite beaucoup de pratique. Lorsqu'on utilise ces principes sur certains points en particulier, on doit rapidement bouger afin de changer la zone de douleur. Le mouvement que l'on fait n'a pour but que de retarder le contrevenant dans sa stratégie défensive, le temps que nous passions à autre chose. Comme avec l'utilisation des genoux, cette procédure nous permet d'être plus à l'abri d'attaques-surprises.

## Les coudes

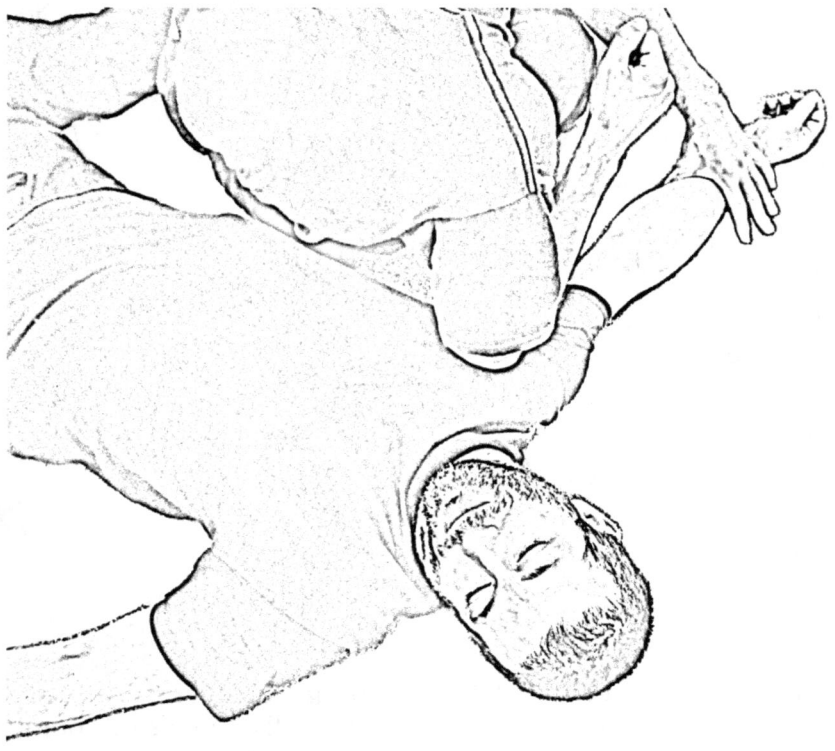

Bien que très peu utilisé, dans certaines techniques de rétention, si l'on travaille à plusieurs agents, on peut même arriver à contrôler une personne en utilisant la pointe des coudes. Il va sans dire que cette utilisation est réservée à certaines zones spécifiques. On utilise la pointe du coude pour mettre une certaine pression sur un plexus brachial.

## Direction de l'influx nerveux

La plupart des systèmes d'utilisation de points de pression ne tiennent pas compte de la direction de l'influx nerveux. Trop souvent, on se contente d'appuyer le plus fortement possible sur le point qui nous intéresse. Il faut savoir que l'on peut utiliser ces points pour faire bouger le contrevenant dans des directions bien précises. Il est facile de démontrer cette particularité des points de pression en utilisant le nerf radial. Pour l'exemple, nous travaillerons au sol sur le ventre, les bras allongés vers l'avant. Il faut s'assurer de donner la bonne inclinaison à notre main afin que les jointures puissent entrer profondément sur le muscle.

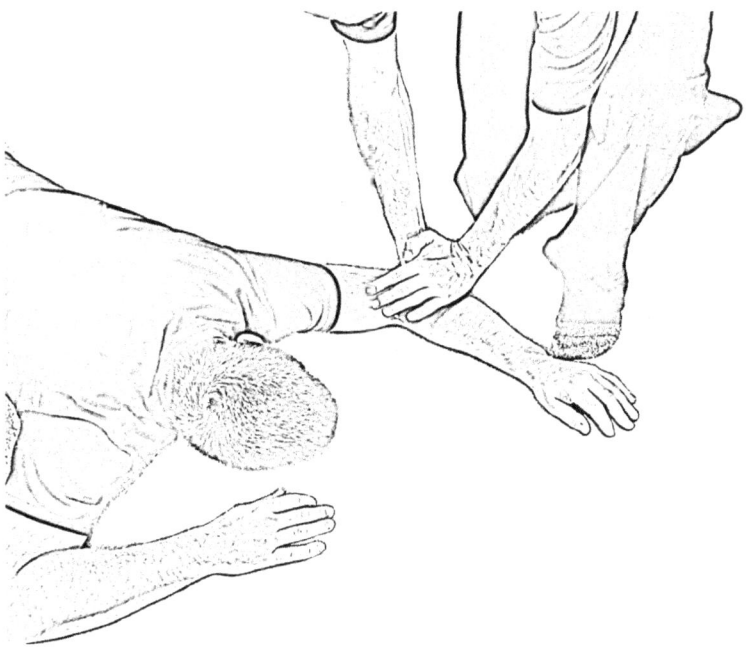

Ici, nous travaillerons avec les jointures au lieu des genoux. C'est plus difficile de cette façon, mais ça permet de mieux comprendre le processus. Vous remarquerez la façon de placer les jointures sur le nerf radial. On appuie de l'autre main pour créer une pression suffisante permettant de démontrer l'utilité de la direction de l'influx nerveux.

Au moment où le contrevenant tente de s'en sortir à l'aide d'une roulade avant, on met la pression des jointures en direction de ses pieds. Cette manœuvre aura tendance à le faire se recoucher au sol. Naturellement, comme ce n'est que pour une démonstration dans un but pédagogique, le fait d'utiliser les jointures au lieu des genoux aide à mieux démontrer cet effet de rediriger l'influx nerveux. Dès que le contrevenant a repris la position que l'on souhaite, on relâche immédiatement la pression.

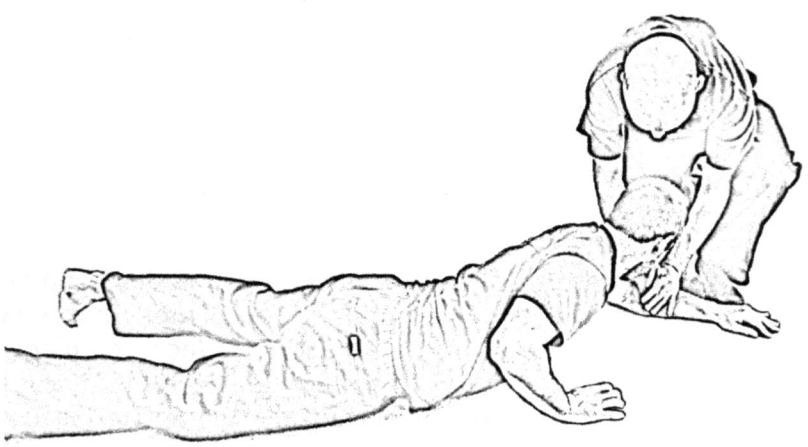

Peu importe où veut aller le contrevenant, on mettra la pression dans la direction opposée. S'il veut tourner son corps vers sa gauche, on dirigera alors notre pression vers son côté droit. Cela aura probablement pour effet de le ramener sur le ventre. Il est important de réagir au moment où le contrevenant tentera de s'évader. Une fois la pression faite pour le ramener dans la position que l'on désire, on devra relâcher la pression dès que le contrevenant obtempère.

Ce principe peut être appliqué à divers points de pression. Le but de ce type de manœuvre est simplement de changer le schéma de pensée de l'agresseur. Chaque fois que l'on utilise ça, l'objectif est de se rapprocher d'un contrôle articulaire. Bien que cette méthode de contrôle s'utilise facilement pour gérer un individu agressif lorsqu'il est au sol, on peut s'en servir également pour déplacer une personne que l'on tient par les bras. Lorsque nos doigts ou autres parties de notre corps entrent en contact avec l'individu que l'on veut arrêter, avec de l'expérience, on peut sentir la réceptivité du sujet face à ce type de manipulation. Nous verrons plus en détail ce type d'utilisation dans les positions d'escortes.

**Notez bien que pour la démonstration, on doit prendre un sujet qui ressent les points de pression de façon normale. Il ne faut pas oublier qu'un certain pourcentage des gens ne ressent pas du tout la douleur sur différents points de pression.**

# Bloc no 1: Au sol sur le ventre, contrôle par les bras et zones secondaires

On pourrait penser que lorsque le contrevenant est au sol, que le gros du travail est accompli. En réalité, il en va tout autrement. C'est souvent au sol que les problèmes surviennent. Il n'est pas rare de voir quatre ou cinq agents se débattre afin de tenter de maîtriser un seul individu. Dans une telle situation de contrôle, il est fréquent de constater que chacun des agents travaille indépendamment des autres et que dans bien des cas, chacun d'entre eux nuit à ses collègues.

Pour contrer cela, une formation identique est la meilleure solution pour régler les problèmes liés à ce type d'intervention. Gérer une personne au sol demande une chorégraphie bien réglée où chacun des participants doit savoir ce qu'il a à faire. Plus les agents seront habitués à travailler avec les mêmes coéquipiers et plus le contrôle s'exécutera rapidement. On doit arriver à ce que chacun des agents sache ce qu'il a à faire pour fonctionner en harmonie avec ses coéquipiers.

Vous noterez que nous procédons par étape simple et que nous changeons simplement l'angle des bras au fur et à mesure de la progression. L'agent doit être en mesure de s'adapter à toutes les positions que prendra le contrevenant ainsi qu'à chaque situation qu'il peut rencontrer sur le terrain. Cette façon de procéder permet à l'agent de mieux assimiler les zones qu'il aura à utiliser. En étant au sol, l'agent procédera plus lentement et prendra davantage de temps pour analyser la situation. L'assimilation des zones se fait plus rapidement de cette façon.

Dans la première heure, le système DAPP utilise énormément les techniques d'apprentissages au sol. Cela permet de diminuer les discussions si fréquentes lors de formations en sécurité. De plus, comme celui qui subit la technique ne peut bouger autant que s'il était debout, cela permet à son partenaire de mieux situer et approfondir les zones ciblées. Cette première heure donne le rythme nécessaire à l'étude du système.

# Bras allongé vers le bas jusqu'à 45 degrés

Dans cette mise en situation, le contrevenant a les bras le long du corps et peut les sortir jusqu'à un angle d'environ 45 degrés. Dans ce contexte de travail, il y a deux zones principales qui nous intéressent afin de prendre le contrôle du contrevenant. La première est le nerf radial et la seconde est la base du triceps sur le dessus et le dessous du bras. Ces points sont très douloureux et peuvent dans certains cas causer des dysfonctions motrices. Ce sont des zones sécuritaires. Il faut prendre soin cependant de ne pas mettre de pression sur l'articulation elle-même.

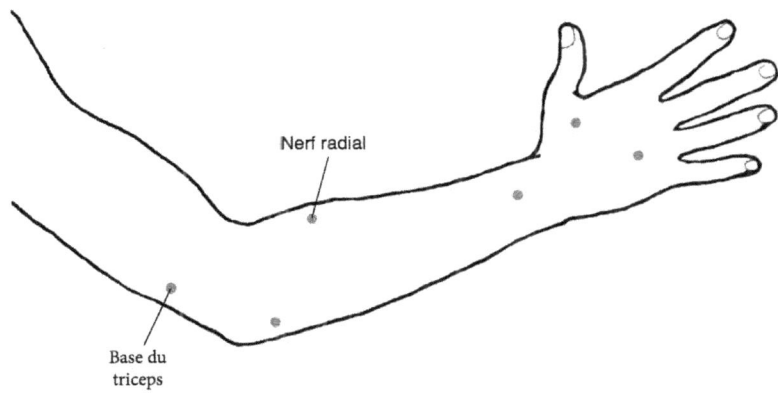

## 1- Pression corporelle sur le nerf radial

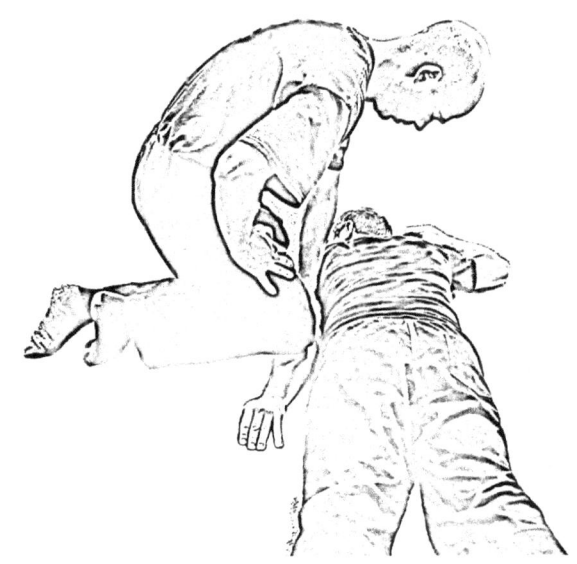

Le contrevenant tente de garder les bras le long de son corps. Si l'accès au nerf radial est possible, on dépose un genou sur cette zone en allant saisir l'autre bras pour procéder à la mise des menottes ou à un contrôle articulaire. Cette procédure peut se faire dès que le contrevenant dévoile son bras. On peut le faire en appuyant n'importe quelle jambe si l'on est de côté. Par contre, si notre corps est orienté vers ses pieds, on utilisera le genou qui est le plus près possible du contrevenant. Il ne faut pas oublier que l'on peut utiliser la redirection de l'influx nerveux en bougeant sur la zone ciblée si le contrevenant tente de s'échapper.

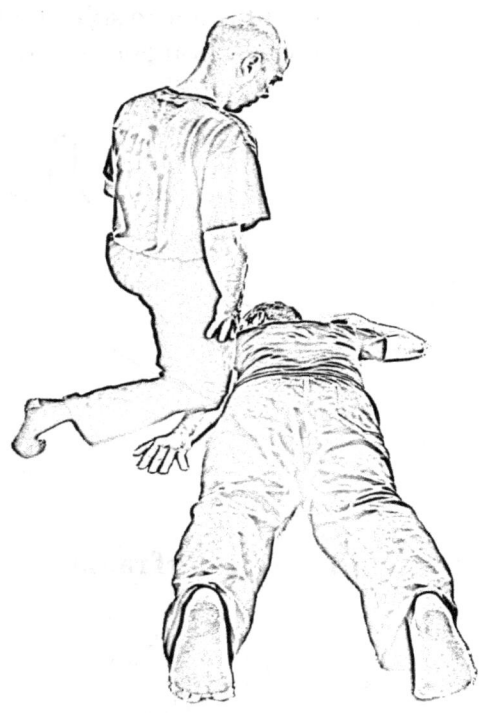

Si le contrevenant résiste, on utilisera le principe de rediriger l'influx nerveux pour gagner une fraction de seconde et faire ainsi changer son schéma de pensée. On se soulèvera légèrement ce qui amènera le contrevenant à davantage se plaquer au sol. En gardant notre dos droit, on met davantage de pression sur la zone ciblée. Cette procédure permet également de jeter un coup d'œil dans les environs afin de s'assurer qu'aucune tierce personne ne vienne s'en prendre à l'agent. Il est important de ne pas focaliser uniquement sur l'individu à contrôler.

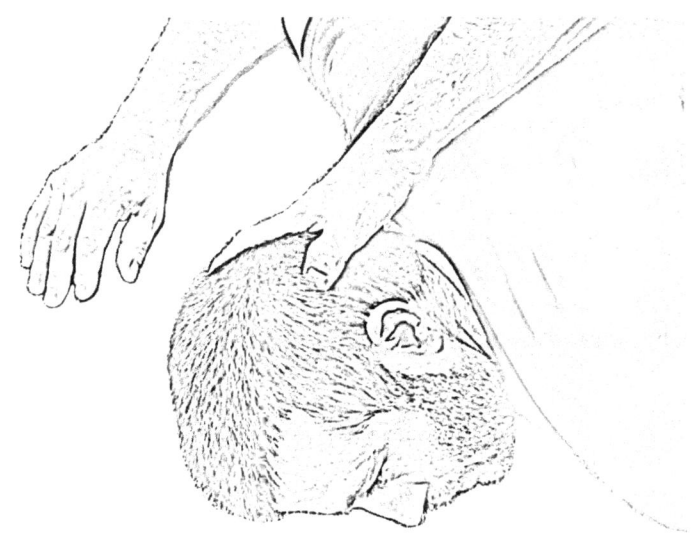

On peut restreindre encore plus le contrevenant en appuyant notre pouce sur le côté de sa tête afin de la garder contre le sol et ainsi le restreindre dans ses points d'appui nécessaires pour se relever. On ne positionne pas le pouce dans le creux de la tempe. On met notre pression légèrement vers l'arrière. Le but n'est pas de causer une douleur, mais simplement de garder une pression suffisante pour empêcher le contrevenant de relever sa tête ce qui facilite le contrôle de ses appuis au sol pour se relever.

2-    **Pression corporelle sur la base du triceps**

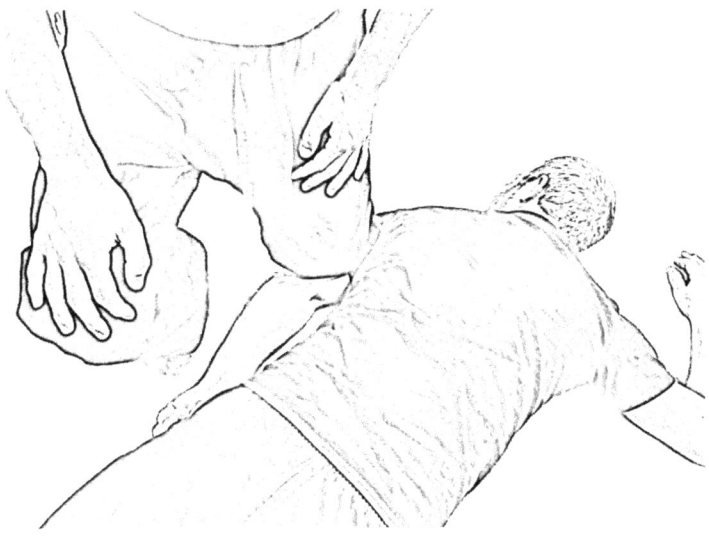

Le contrevenant tente de garder les bras le long de son corps. Si l'accès à la zone de la base du triceps est accessible, on dépose un genou sur cette zone et l'on saisit l'autre bras pour une mise des menottes ou un contrôle articulaire. Cette procédure peut se faire dès que le contrevenant dévoile son bras. On peut le faire en appuyant n'importe quelle jambe si l'on est de côté. Or, si notre corps est orienté vers ses pieds, on utilisera le genou qui est le plus près possible de son corps. Dans ce type d'utilisation, on positionnera toujours l'autre genou au sol afin de s'assurer d'avoir une position stable ce qui facilitera la mise des menottes.

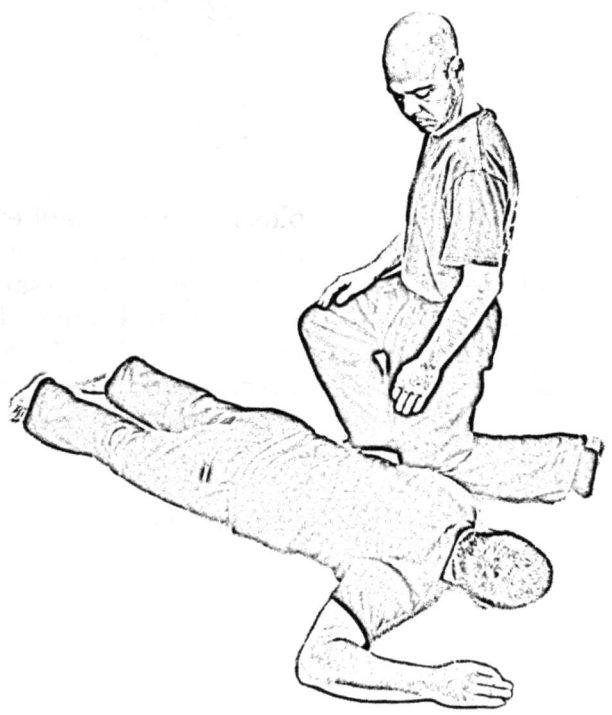

Si le contrevenant résiste, on utilisera le principe de rediriger l'influx nerveux pour gagner une fraction de seconde et faire changer son schéma de pensée. On se soulèvera légèrement ce qui amènera le contrevenant à davantage se plaquer au sol. On poussera notre genou de manière à faire rouler son bras vers l'intérieur, près de son corps. On peut soulever l'autre jambe afin de transférer le maximum de poids sur le genou qui génère la pression.

On peut restreindre encore plus le contrevenant en appuyant notre pouce sur le côté de sa tête afin de la garder contre le sol et ainsi le restreindre dans ses points d'appui nécessaires pour se relever. On procèdera alors aux commandements verbaux nécessaires.

Exemples de commandements verbaux :
- Monsieur, cessez d'être agressif et donnez-moi votre autre bras.
- Je ne vous veux aucun mal, restez tranquille.

# Bras allongé sur le côté du corps dans un angle de 90 degrés

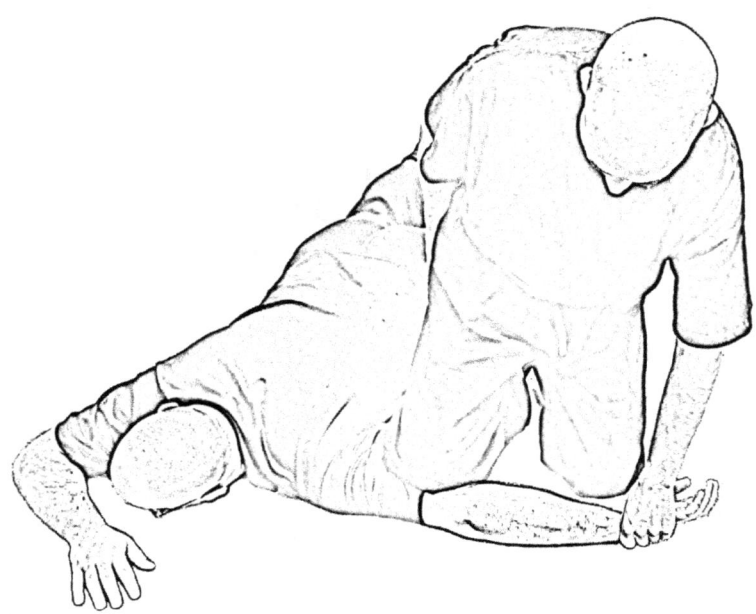

Lorsqu'on amène un contrevenant au sol, le travail se fait souvent par le contrôle et la pression derrière le coude du bras que l'on a agrippé. Ici, le bras sera placé à 90 degrés du corps. L'un des principes les plus simples consiste à déposer notre genou qui est près du corps sur le triceps du contrevenant en faisant rouler le muscle vers l'avant. Cette manœuvre a pour effet de coller son épaule contre le sol, limitant ainsi l'accès au point d'appui nécessaire pour se relever. On tiendra le poignet de notre main extérieure. On peut plier le poignet pour aider à effectuer le contrôle articulaire. Comme on roule le triceps, la douleur peut parfois surprendre le contrevenant. Il faut utiliser rapidement les commandements verbaux afin de lui offrir une opportunité de coopérer et d'avoir ainsi une occasion de faire cesser la douleur.

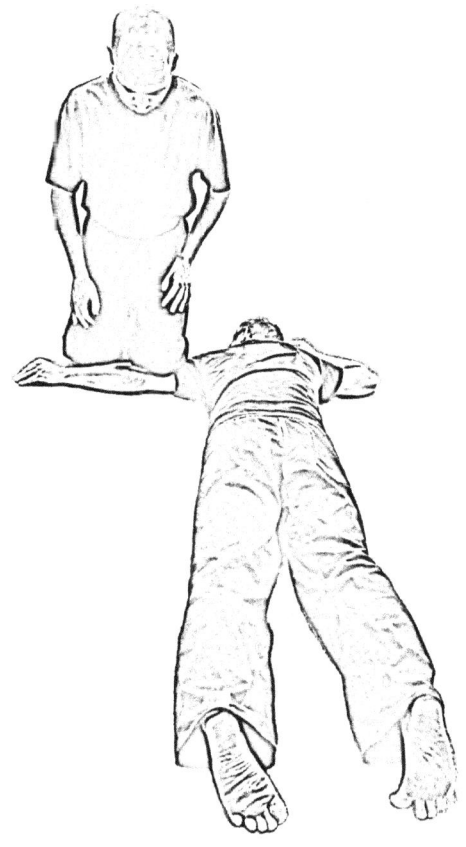

Lorsqu'on va au sol avec un individu qui résiste, on ne choisit pas la posture ou l'endroit où l'on va atterrir. On doit être en mesure de prendre le contrôle de l'individu à partir de différentes postures. Dans l'exemple qui suit, on se retrouve à contresens de l'opposant. On peut alors le contrôler simplement en mettant une pression de notre genou sur la base du triceps. On doit, dès que possible, saisir l'autre bras et une fois qu'on a le contrôle de l'autre bras, prendre une position plus stable pour terminer la mise des menottes.

Dans toutes ces techniques, l'agent qui a suivi une formation en contrôle physique est avantagé. On doit pouvoir être en mesure de faire un contrôle articulaire à partir de n'importe quelle position.

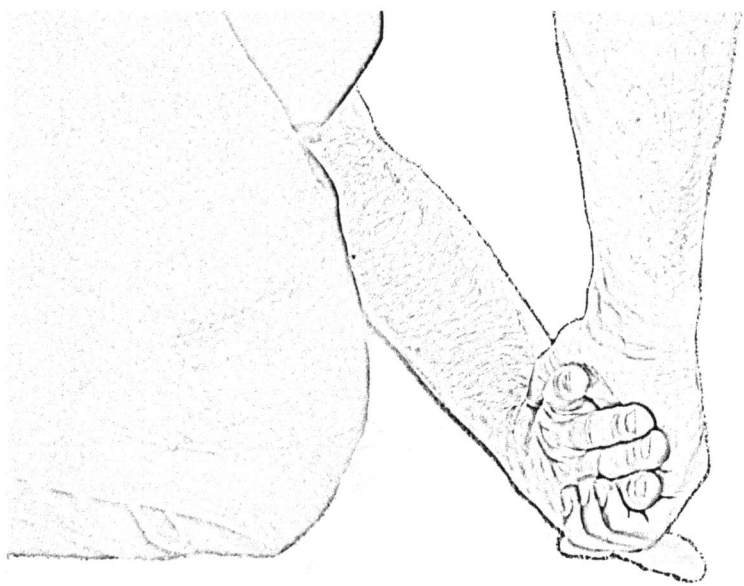

Pour faciliter le contrôle, on peut également utiliser la tension des poignets pour limiter les mouvements du bras. Si l'on peut, on doit positionner le petit doigt de la main du contrevenant vers le haut. En agissant ainsi, on oblige ces longs muscles du bras à s'étirer complètement ce qui restreint les mouvements de l'épaule et du corps.

Dans ce positionnement, on peut également utiliser notre pouce pour appuyer sur le côté de la tête du contrevenant afin de la garder plaquée au sol.

Exemples de commandements verbaux :
- Monsieur, cessez d'être agressif.
- Monsieur, amenez votre bras dans le dos, immédiatement.

# Bras allongé vers le haut

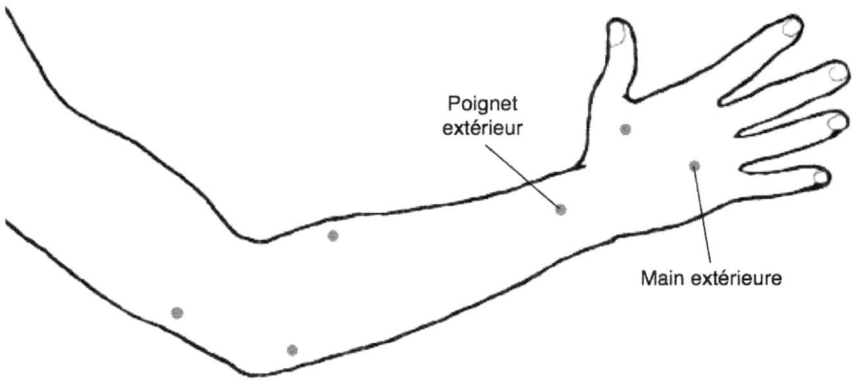

Ici, le contrevenant se retrouve les bras vers le haut. Qu'ils soient pliés ou complètement allongés, les procédures seront semblables. Pour ce faire, nous travaillerons avec deux nouvelles zones. Nous utiliserons la jonction des os de l'avant-bras et le dessus de la main. La jonction du poignet permet de restreindre la mobilité du contrevenant alors que la zone extérieure de la main autorise un contrôle par la douleur en utilisant l'arc réflexe. Cette douleur est très courte, il faut rapidement passer à une manœuvre de contrôle.

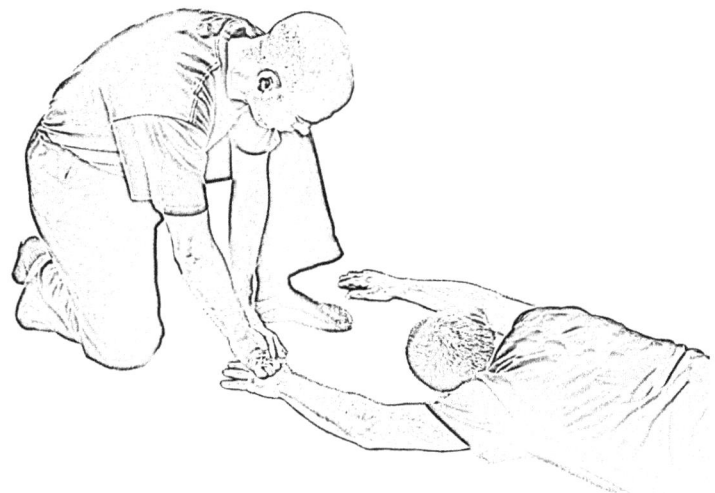

Lorsque le contrevenant est tombé au sol, nous nous retrouvons loin devant lui, mais comme il a allongé son bras pour amortir sa chute nous avons accès à sa main. Nous utiliserons nos jointures en les faisant rouler sur le dessus de sa main. Cette manœuvre le maintiendra couché au sol pour un court instant. La douleur causée créera une tension, puis comme il y aura un relâchement musculaire lorsque nous abandonnerons cette zone, son corps aura tendance à demeurer en place un court instant. À partir de là nous irons sur une zone plus sécuritaire comme le nerf radial ou la base du triceps. Nous devons nous rapprocher de lui davantage.

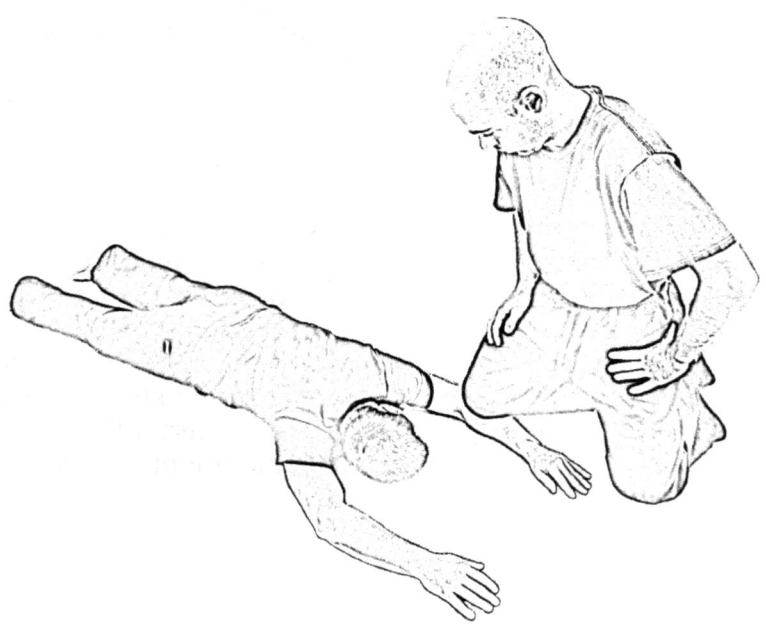

On doit se rapprocher suffisamment rapidement pour déposer notre genou sur le nerf radial du contrevenant. On doit utiliser le genou qui s'y prête le mieux selon notre position. Ce n'est jamais nous qui décidons, mais les circonstances. Il faut être prêt à travailler avec la direction de l'influx nerveux afin de continuer à maintenir notre contrôle au sol.

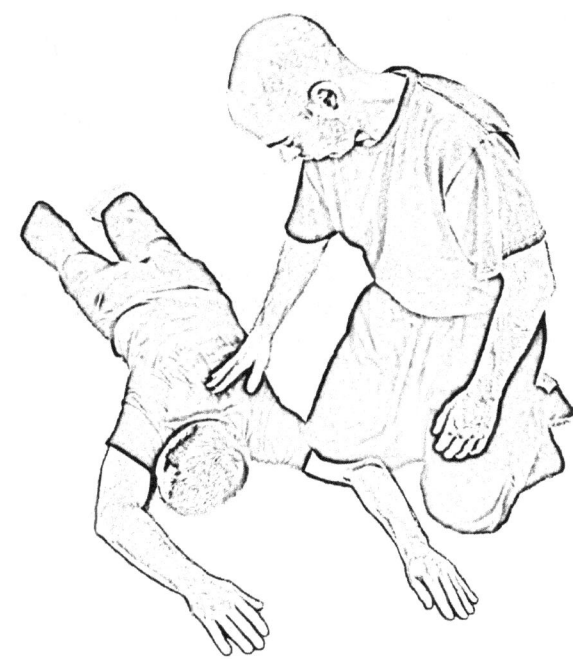

On peut également faire la même manœuvre en allant déposer notre genou à la base du triceps, si c'est possible. Ce point est généralement extrêmement efficace. On doit rapidement utiliser les commandements verbaux et relâcher la douleur si le contrevenant obtempère.

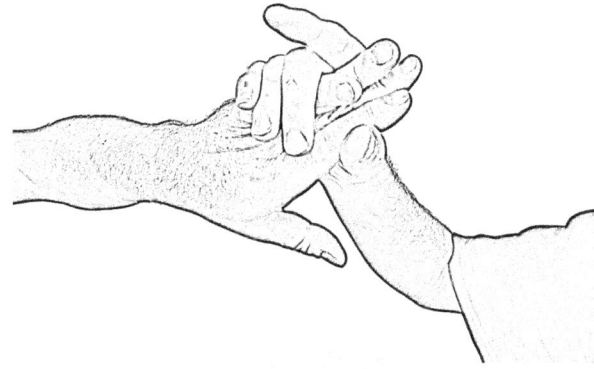

On termine en demandant l'autre bras pour faire un contrôle articulaire. Une fois qu'on a l'autre main, on doit contrôler le contrevenant par les doigts. Pour y parvenir, on emprunte une petite technique utilisée couramment dans les arts martiaux. Le secret est simple, on doit placer le petit doigt par-dessus les autres doigts. Cela permet d'étirer les muscles longs du bras, les mouvements du contrevenant sont beaucoup plus restreints.

Cette façon de faire peut se faire à partir d'un grand nombre de positions différentes. On ramènera le bras du contrevenant dans son dos en maintenant notre pression sur ses doigts. Cette procédure permet de contrer un adversaire beaucoup plus costaud que nous.

> Exemples de commandements verbaux :
> - Monsieur, cessez d'être agressif, immédiatement.
> - Je veux simplement que vous mettiez votre autre bras dans le dos.

Exercice : À ce stade de l'entraînement, les étudiants doivent pouvoir se déplacer d'un point à l'autre du bras en tentant de maintenir leurs partenaires au sol. Le but de l'exercice est d'apprendre à leur corps à ressentir les zones de pression. Comme exercice, l'étudiant doit pouvoir se déplacer dans différents sens, utiliser différents points sans jamais perdre le contrôle de son partenaire.

# Jonction de la mandibule

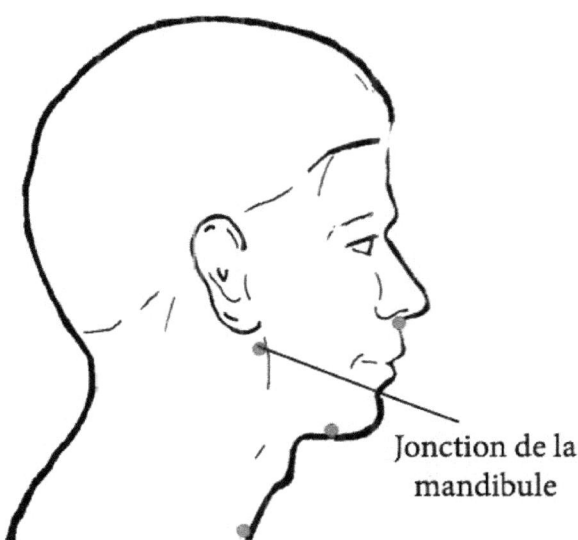

Jonction de la mandibule

Situé sous l'oreille ce point est extrêmement sensible chez la plupart des gens. Il ne faut pas exercer de pression derrière l'oreille, car il y a risque de blessures. Il faut apprendre à doser la force que l'on met en utilisant ces points. Bien sûr, comme on travaille avec le bout des doigts, on ne peut se permettre d'utiliser ce point si l'on a des ongles longs qui sont susceptibles de causer des éraflures sur le contrevenant. Dans la mesure du possible, on doit essayer d'éviter de faire ce type de trace qui laisse présager une attitude agressive de la part de l'agent. La pression effectuée doit se faire en direction du nez et non vers l'oreille opposée. On ne doit pas mettre plus de pression qu'il est nécessaire. L'instructeur qui vous a formé sur le cours de base vous a indiqué la procédure à suivre.

## Entraînement avec un sujet debout

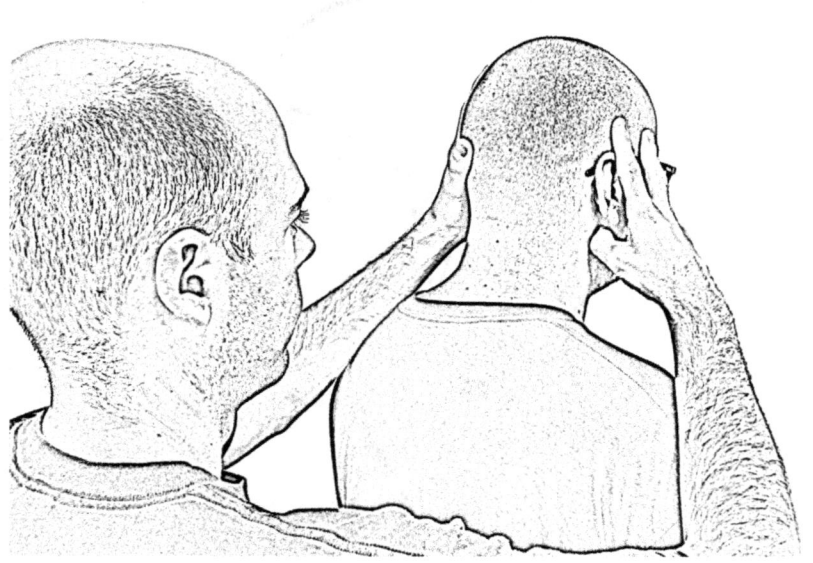

Il est important de bien positionner le bout du pouce. La pression se fait vers l'avant en direction du nez du contrevenant. Beaucoup de gens qui utilisent ces techniques ont tendance à fermer le poing en effectuant la pression. Si une photo est prise à cet instant, elle donne l'impression que l'agent est en train d'asséner un coup de poing au contrevenant. Comme ce point est extrêmement douloureux, il faut des commandements verbaux clairs et précis.

On doit relâcher la pression dès que le contrevenant a obtempéré. Ce point utilise les principes de contrôle par la douleur, mais on peut aussi l'utiliser pour redistribuer l'équilibre ou pour obliger l'individu agressif à bouger vers un autre endroit.

Lorsque l'on exécute la technique debout, il est important de faire une contre-pression de l'autre main. Si l'on ne fait que créer une douleur sans gérer la tête, le contrevenant pourra échapper à notre contrôle et s'éloigner de nous.

Si l'on désire diriger le contrevenant vers un autre endroit, on relâchera légèrement la main qui fait une contre-pression ce qui le déséquilibrera de côté et nous permettra de le déplacer sans avoir à forcer.

## Entraînement avec un sujet allongé au sol

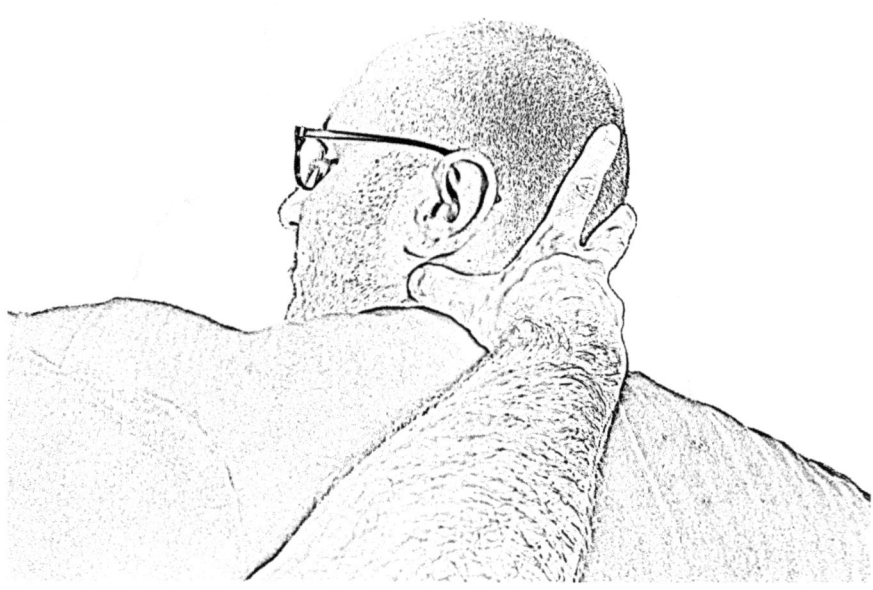

On peut utiliser ce point pour restreindre les mouvements du contrevenant au sol, qu'il soit sur le ventre ou sur le dos. On peut combiner d'autres points de pression à celui de la jonction de la mandibule. Si le contrevenant se débat, on pourra procéder à l'utilisation de ce point d'un côté de la tête ou de l'autre. On prendra soin de bien doser la pression nécessaire pour le maintenir au sol. On ne travaille pas avec tout le poids du corps, mais simplement avec une légère pression. Comme ce point est douloureux, les commandements verbaux doivent être utilisés rapidement et on doit relâcher immédiatement ce point dès qu'il a obtempéré.

## À plusieurs agents

Si l'on a la chance de travailler à plusieurs agents, l'un d'eux peut passer devant pour immobiliser la tête du contrevenant en appliquant une pression à la jonction de la mandibule de chaque côté. On doit ensuite tirer la tête vers le bas de façon à amener le contrevenant sur le ventre. Celui qui exécute les points de pression a la responsabilité de protéger le contrevenant afin qu'il ne tombe pas la figure au sol. Il maintiendra la pression sur ces points tant que la mise des menottes ne sera pas faite ou que l'individu ne coopèrera pas.

> Exemples de commandements verbaux :
> - Cessez d'être agressif et obéissez-moi, immédiatement.
> - Restez calme et ça va bien aller.

# Bras replié vers le bas ou vers le haut

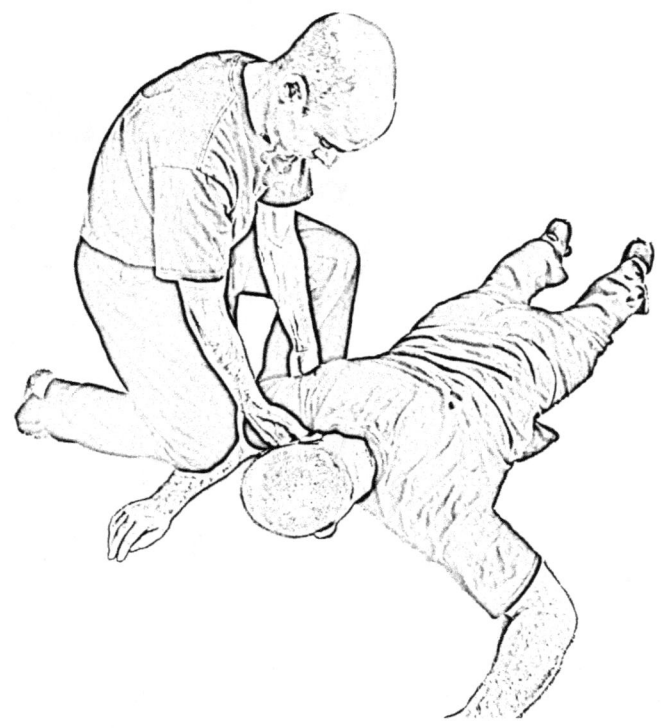

Dans ce type positionnement, on peut utiliser tous les points de pression qui ont été démontrés auparavant. On peut également se servir d'une technique de redirection de l'influx nerveux en déposant notre genou à la hauteur du nerf radial derrière le bras du contrevenant, placer une main sous son épaule et l'autre sur ses côtes. On tire pour mettre une pression jusqu'à ce que le contrevenant obtempère et nous donne son autre bras. Cette procédure est extrêmement douloureuse, car elle fait légèrement rouler le bras de côté et écrase le nerf radial. On doit tout de suite exiger du contrevenant qu'il nous donne son autre bras afin de procéder à un contrôle articulaire.

# Bloc no 2 : Au sol sur le dos, contrôle par les bras et les zones secondaires

### Bras allongé vers le bas jusqu'à un angle de 45 degrés, paume vers le haut

Le contrevenant est tombé au sol et son bras est allongé près de son corps. Nous allons utiliser de nouveaux points de pression afin de tenter de le maintenir au sol. Pour ce faire, nous travaillerons avec le nerf médian, la zone 3 du côté ulnaire et la jonction du biceps.

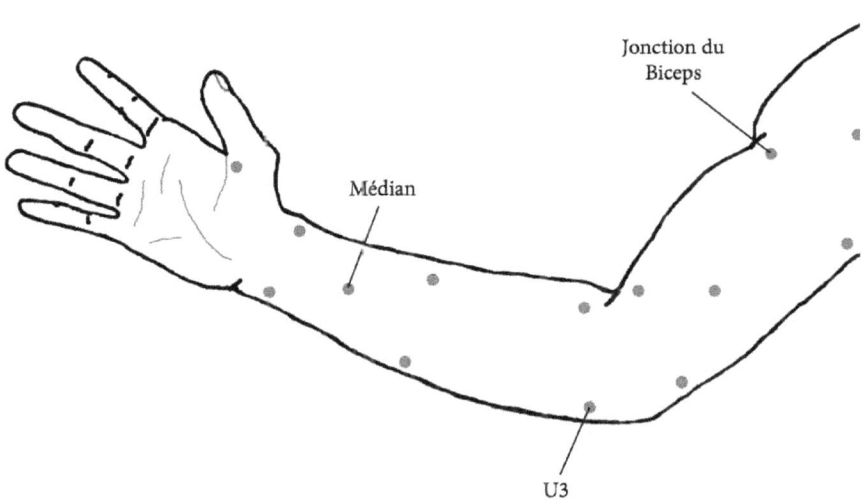

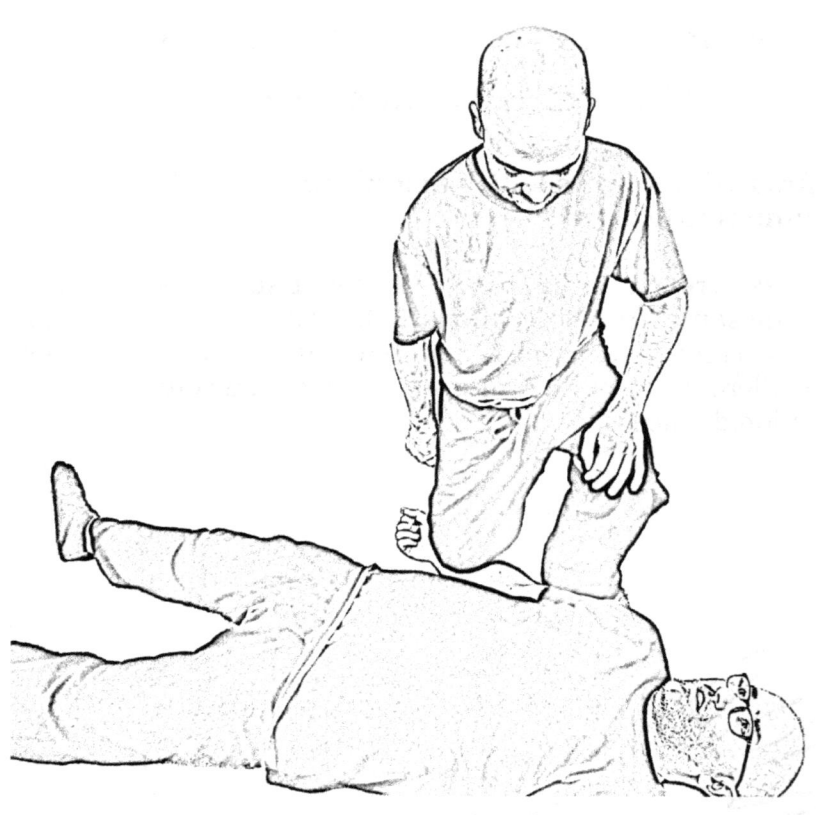

Si l'intérieur de l'avant-bras est accessible, on déposera à cet endroit la pointe du genou sur le bras du contrevenant. Nous éviterons de mettre de la pression dans la zone des poignets. Il faut éviter d'écraser la zone des tunnels carpiens. Notre cible sera le nerf médian, une zone beaucoup plus sécuritaire. C'est le nerf qui commande le fonctionnement de l'auriculaire et de l'annulaire. On vise ainsi le centre de l'avant-bras. On prendra bien soin de laisser notre corps droit afin de garder notre figure la plus éloignée possible du poing de l'agresseur. On doit toujours s'attendre à être frappé de l'autre bras ou par une tierce personne. Au moment où le contrevenant tente de bouger, on roulera le bras vers l'intérieur, ce qui sera suffisant dans la plupart des cas pour arrêter l'attaque du poing. Si le contrevenant attaque quand même, on capture le bras et on l'utilise pour retourner le contrevenant sur le ventre afin de terminer la mise des menottes.

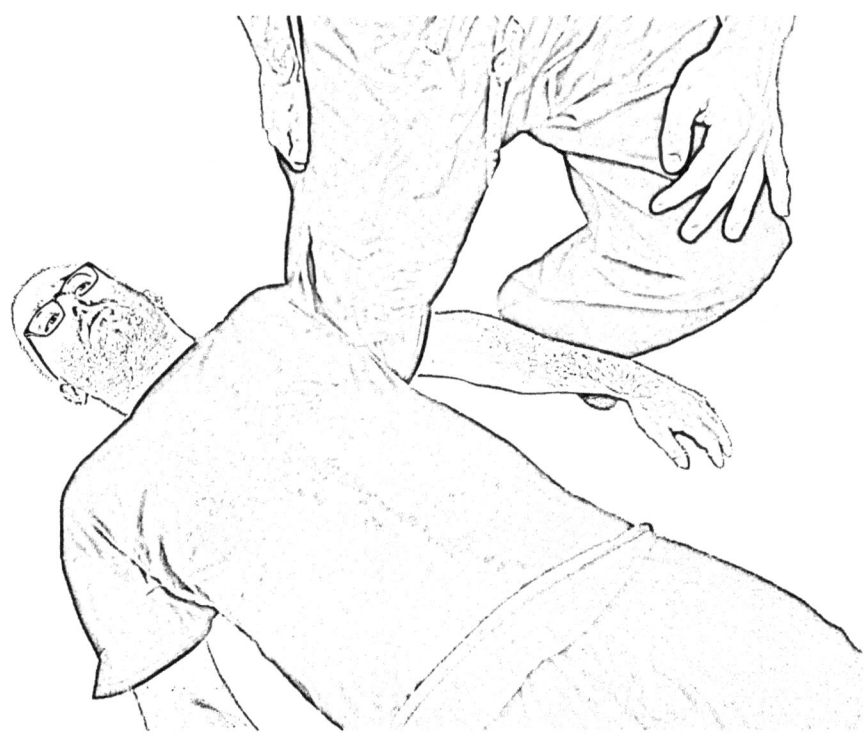

Le haut du biceps est une zone qui utilise une technique de percussion. On utilisera le genou pour aller frapper notre cible. Dépendamment de la masse du contrevenant, le poids utilisé doit être bien dosé. Sur le cours de base du système DAPP, vous pourrez apprendre le niveau de force à utiliser. On procède ensuite à la mise des menottes. Il peut arriver que l'on ait besoin de deux ou trois percussions sur une personne aux muscles plus démesurés. En effectuant cette manœuvre, il faut toujours être prêt à bloquer une éventuelle attaque de son autre bras ou d'une tierce personne.

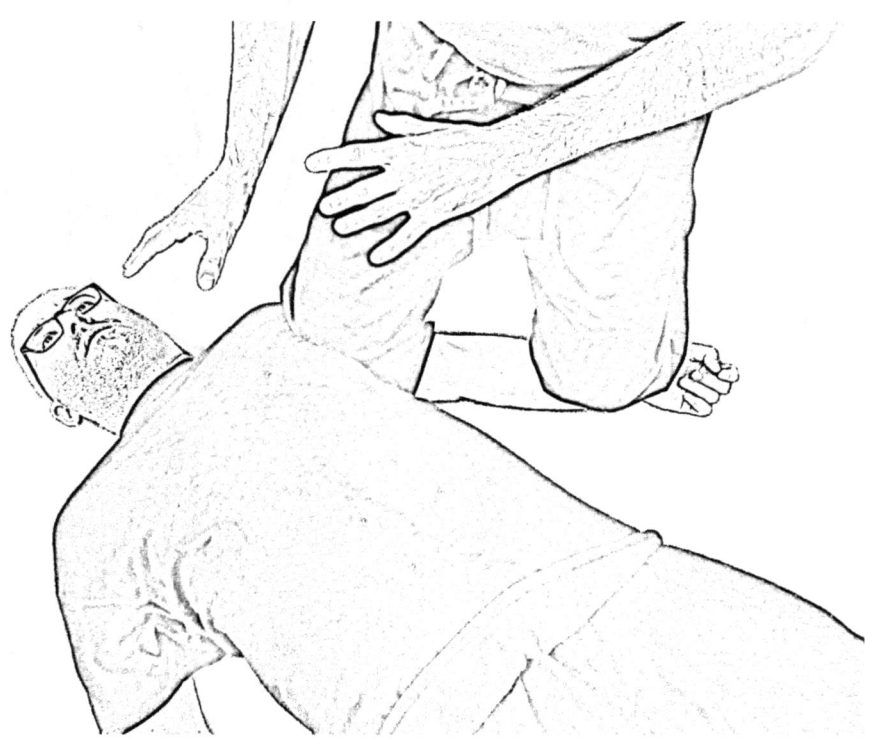

Tous les systèmes de contrôle par point de pressions permettent l'utilisation simultanée de plusieurs points. Le système DAPP utilise fréquemment ce principe. On peut déposer un genou sur le nerf médian et l'autre sur le septième point de la ligne radial du bras. Cela demande un peu plus d'habileté de la part de l'agent. On procède ensuite à la mise des menottes. Il faut s'assurer d'avoir une position stable.

Exemples de commandements verbaux :
- Cessez d'être agressif, donnez-moi votre autre main.
- Monsieur, je vous demande de coopérer et ça se passera bien.

# Bras allongé sur le côté à 90 degrés et plus, paume vers le haut

### Pression des genoux au poignet et à la jonction du bras, position extérieure

Dans ce scénario le contrevenant a le bras étendu sur le côté dans un angle proche de 90 degrés par rapport à son corps. Ici, on ajoutera deux nouveaux points. Un qui est situé à la jonction du bras et de l'épaule. On vise le plexus brachial, un groupe de trois nerfs qui sont sensibles lorsque le bras est dans cette position. On ajoutera également le quatrième point de la ligne ulnaire, point qui est situé un peu plus haut que le coude. Ces points ont l'avantage de couvrir une grande zone, qui ne nécessite peu ou pas de précision.

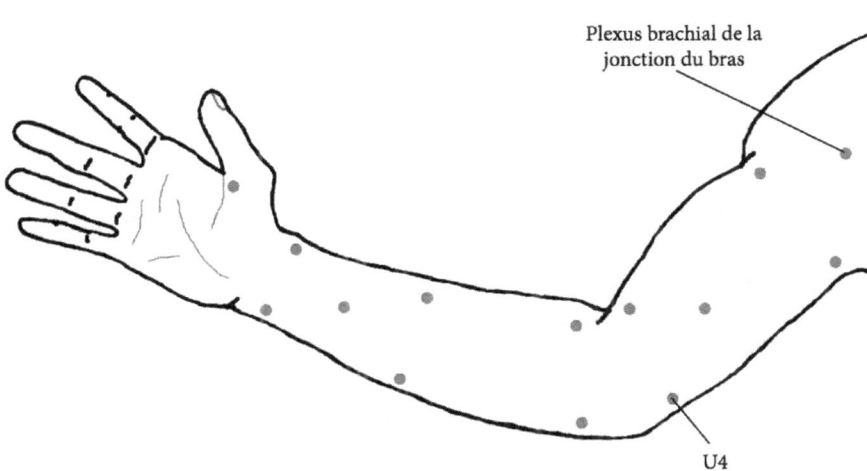

Dans cette mise en situation, l'agent est tombé à contre sens. Il est dans la direction opposée au contrevenant. On dépose simplement un genou sur le nerf médian et l'autre à la jonction du bras.

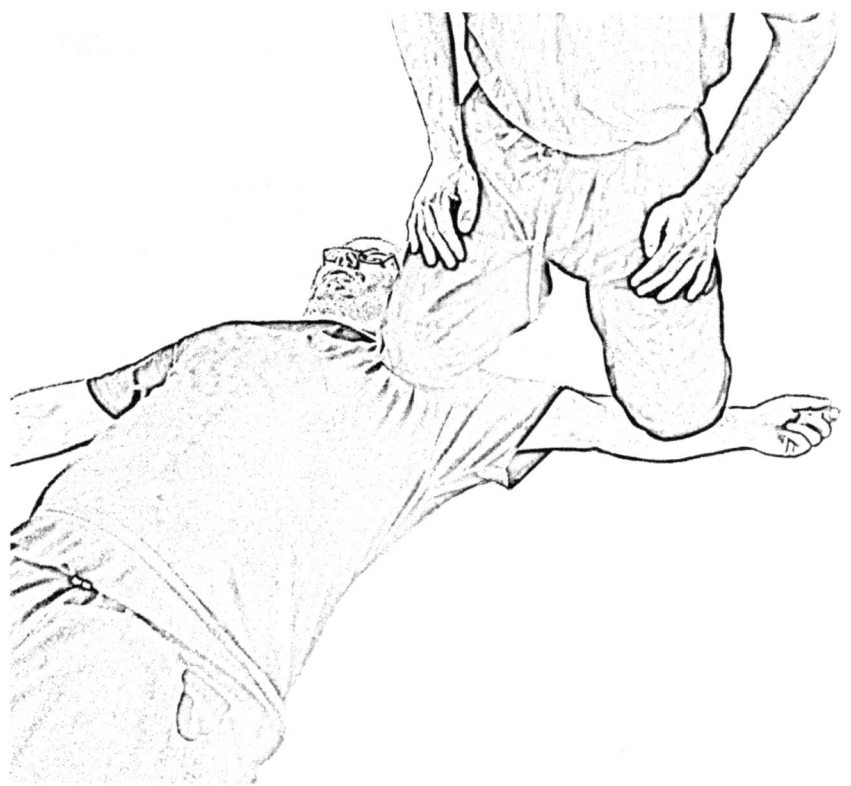

Ici, nous utiliserons la direction de l'influx nerveux afin de changer le schème de pensée du contrevenant. Pour y parvenir, on a simplement qu'à exercer une pression de nos genoux vers l'extérieur. On écarte les genoux comme pour chercher à ouvrir les jambes. Cette procédure étire les muscles du bras et permet d'atteindre les zones recherchées plus facilement. Le genou sur le nerf médian pousse vers le bout des doigts et l'autre vers le corps de façon à étirer le bras au complet. On garde toujours le dos droit pour laisser notre visage hors de portée du poing du contrevenant. On doit toujours être prêt à pouvoir bloquer une éventuelle attaque de notre avant-bras.

**Pression des genoux au poignet et à la jonction du bras, position intérieure**

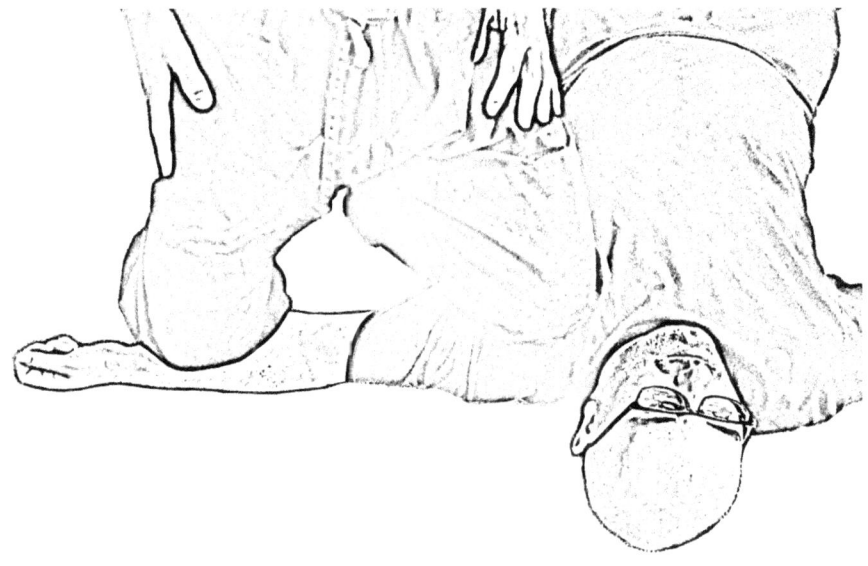

L'agent se retrouve au sol à l'intérieur du bras du contrevenant. Même stratégie où l'on dépose un genou sur le nerf médian et l'autre à la jonction du bras. On utilise aussi la redirection de l'influx nerveux en écartant les genoux comme pour étirer le bras. En nous relevant de façon à transférer plus de pression à la jonction du bras, nous pouvons, dans bien des cas, arrêter les tentatives de frappe que pourrait avoir le contrevenant.

Nous allons maintenant nous compliquer la vie un peu. À partir de ces scénarios, il y a deux possibilités majeures. Le contrevenant nous donne son autre bras de façon volontaire ou au contraire, il tente de nous frapper violemment de son autre poing. Dans les deux cas, c'est ce que nous souhaitons afin de le ramener sur le ventre pour le maîtriser. La clé du succès pour effectuer un contrôle articulaire repose sur l'accès à son autre bras.

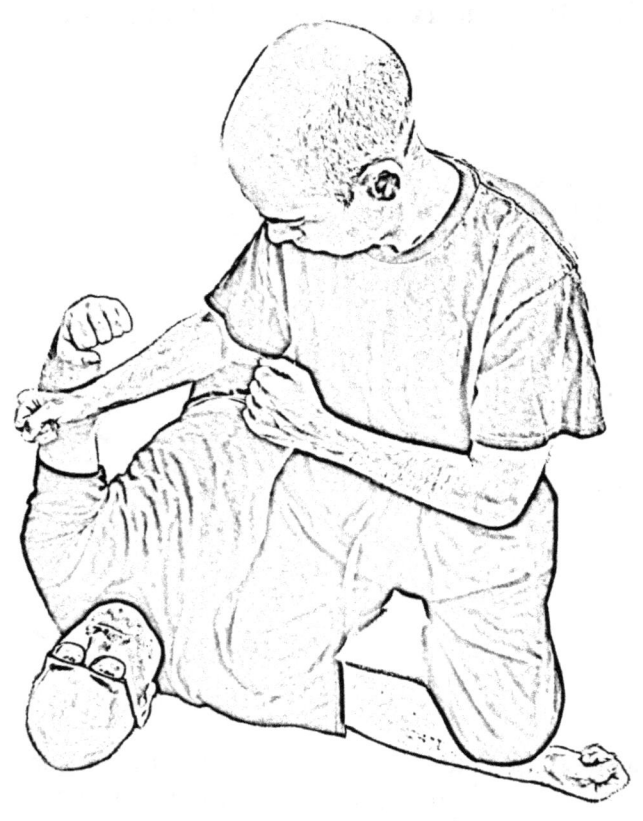

Dans un premier temps, on demande au contrevenant qu'il nous présente sa main s'il n'a pas déjà essayé de nous frapper. Nous commencerons la séquence avec un coup de poing agressif. S'il coopère, ce sera la même stratégie à l'exception du blocage du poing. Encore une fois, on doit garder le corps droit lorsqu'on exerce ce type de manœuvre. Puis, on bloquera simplement l'attaque de notre avant-bras. Dans toutes les utilisations des genoux, on doit garder le dos droit afin de laisser notre tête éloignée d'une éventuelle tentative d'attaque. Notre position doit être stable afin d'avoir la force nécessaire pour bloquer l'attaque du contrevenant.

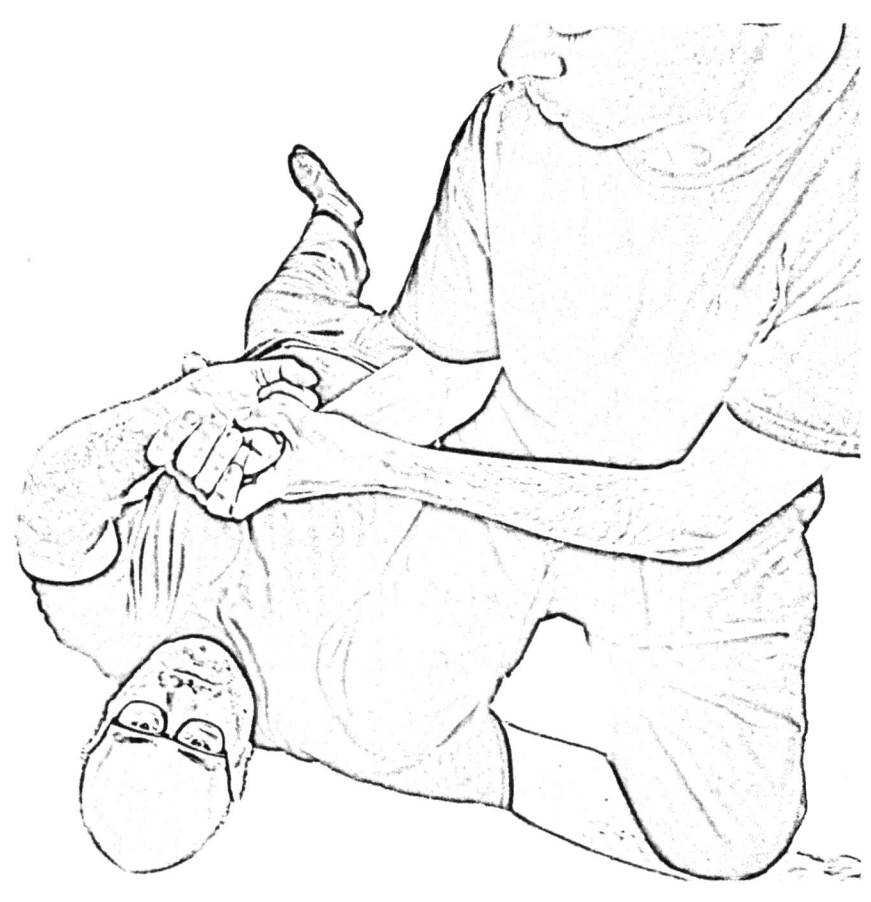

Une fois que l'on a arrêté l'attaque, on dépose rapidement notre main opposée sur le poing de l'attaquant afin d'en prendre le contrôle. On doit éviter qu'il puisse retirer sa main. On doit se servir de nos deux mains pour le maintenir dans cette position. Qu'il nous donne la main ou qu'il tente de nous frapper, dans les deux cas on tentera de saisir sa main ou son poing de notre autre main. Pour éviter que notre main glisse, on doit déposer nos doigts à l'intérieur de sa paume, ce qui nous permettra de le retourner facilement sur le ventre.

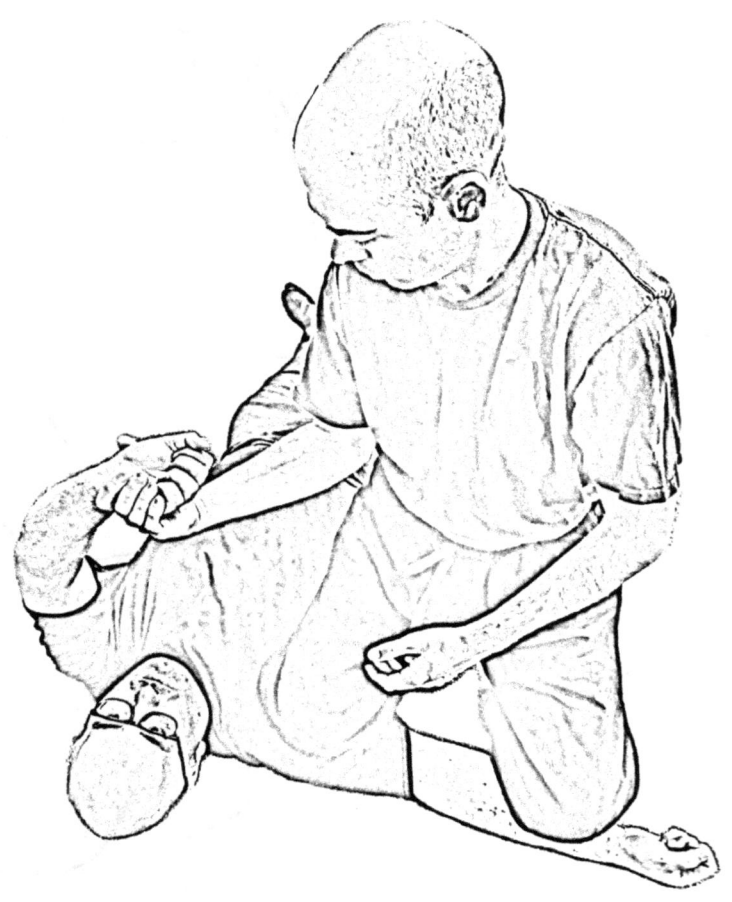

Ensuite, on retourne sa main en amenant sa paume vers le haut et en passant notre bras intérieur de façon à placer nos doigts dans la paume de sa main. Plusieurs personnes ont tendance à vouloir saisir le poignet, mais la forme cylindrique du poignet fait que l'on peut facilement échapper la main du contrevenant s'il se débat et surtout s'il a eu chaud. On fait une contre-pression avec notre pouce que l'on place sur le dos de sa main.

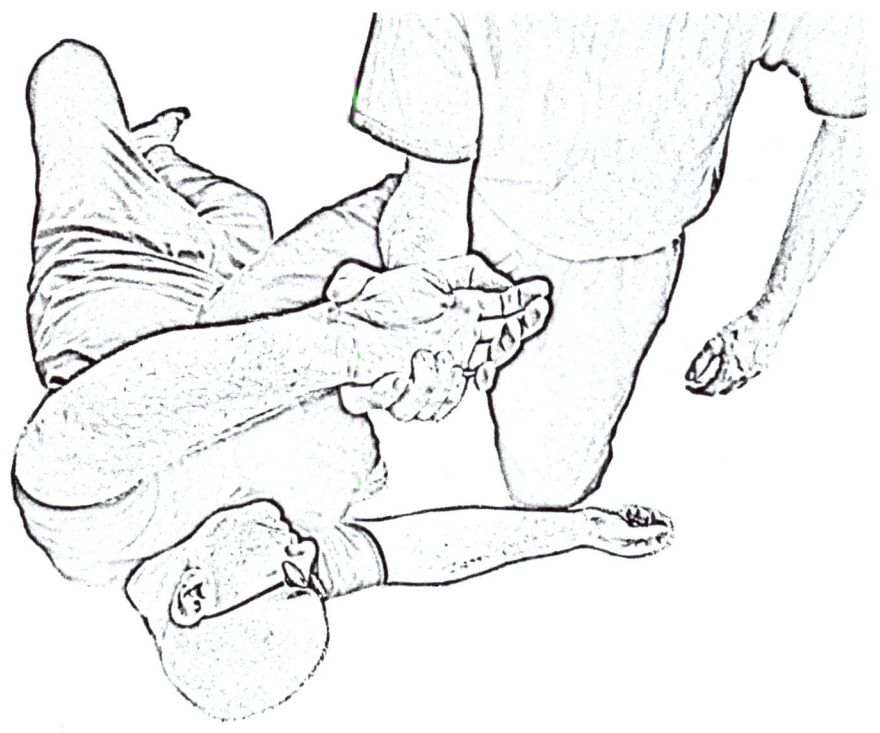

On doit tourner sa main de manière à ce que son bras crée un arc de cercle. Ce principe de contrôle par transmission des leviers est fréquemment utilisé dans les arts martiaux. Cela permet de contrôler en entier le corps de notre adversaire. Nous n'avons plus qu'à tirer le bras vers nous en maintenant l'arc de cercle pour amener le contrevenant sur le ventre et appliquer une clé de contrôle articulaire. Le problème pour contrôler le contrevenant avec cette technique vient du fait que plusieurs agents tirent le bras vers eux plutôt que de l'amener plus loin que le dessus de la tête du contrevenant. Il faut s'assurer de ne pas perdre la tension que l'on a sur son bras. Il faut contrôler son corps à partir du seul jeu de la main. La supervision d'un instructeur qualifié est le gage de succès pour utiliser ces techniques.

Exemples de commandements verbaux :
- Stop, cessez de vous débattre, immédiatement.
- Je veux juste que vous vous retourniez sur le ventre.

# Bras allongé vers le haut

**Prise de contrôle par base du triceps ou par le quatrième point de la ligne radiale**

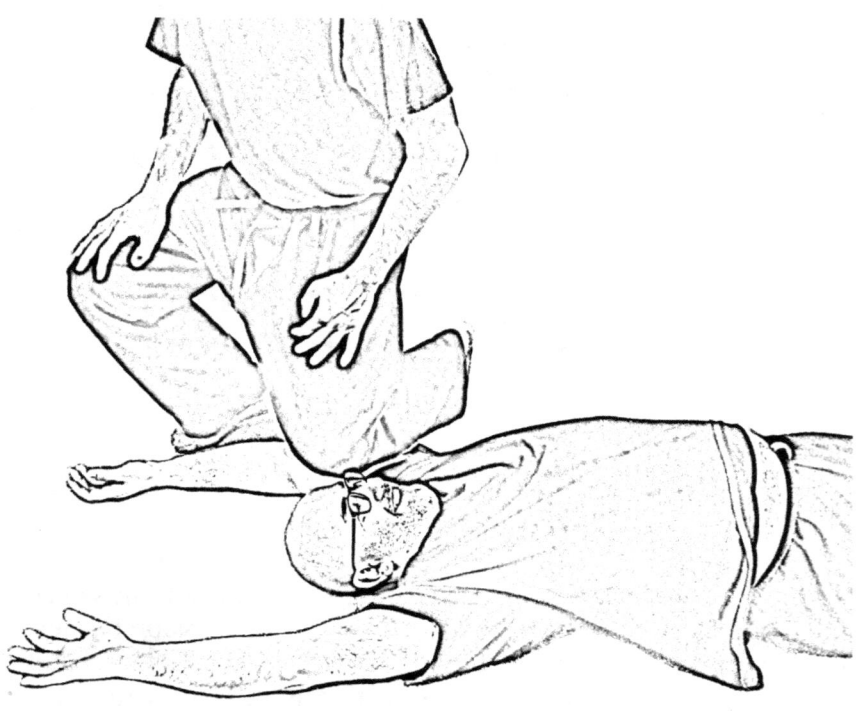

Le contrevenant est étendu au sol et on est près de son bras qui est allongé au-dessus de sa tête. Selon la zone accessible, on dépose un genou sur la partie U4 ou à la base du triceps et l'on met une pression de manière à faire rouler vers l'intérieur la zone que l'on a atteinte. On demande au contrevenant de nous donner son autre bras et de se retourner sur le ventre.

On peut, si l'on a la certitude que le contrevenant est bien immobilisé, passer une première menotte à son poignet avant de le retourner. La plupart des agents ont tendance à vouloir aller trop vite pour passer les menottes. Il faut demeurer calme et prendre le temps nécessaire sans se laisser dominer par le stress. Encore une fois, on doit garder le dos droit pour bloquer une éventuelle attaque ou une agression faite par une tierce personne.

On peut également utiliser un nouveau point qui suit la ligne du côté radial. Ce point peut permettre de faire bouger le

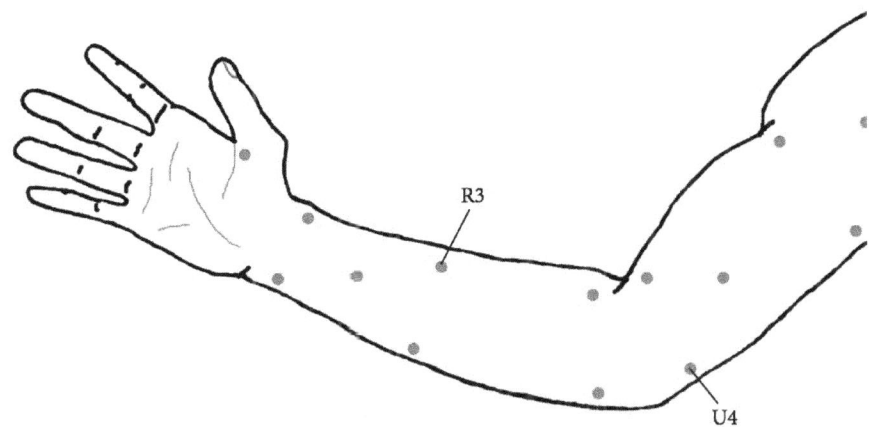

contrevenant si on exerce une pression en roulant le bras vers ses côtes.

Si nous nous retrouvons dans une position un peu plus éloignée du contrevenant, on peut utiliser le troisième point de la ligne radiale. On joue constamment sur la redirection de l'influx nerveux en ordonnant à l'individu de nous donner son autre bras.

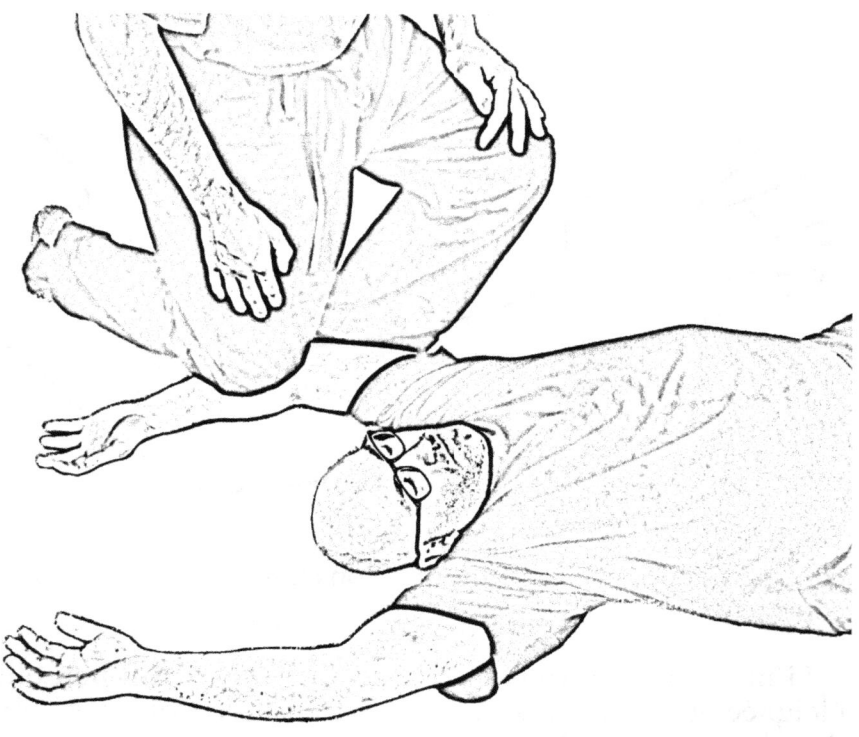

Ce type de contrôle n'est jamais totalement sécuritaire. L'agent doit être prêt à bloquer un coup qui visera ses parties. Si une attaque arrive, on doit capturer le bras afin de retourner le contrevenant sur le ventre. En cas de problème, il faut savoir désengager de la tentative de la prise de contrôle si cela est nécessaire.

Exemples de commandements verbaux :
- Monsieur, cessez d'être agressif.
- Tournez-vous sur le ventre et restez tranquille.

# Bras allongé vers le haut, mais replié (position « hands up »)

**Pression corporelle à U4**

Le contrevenant s'est retrouvé allongé sur le dos et ses deux bras, ou l'un de ses bras, est vers le haut, le coude replié. On viendra déposer un genou sur U4 en prenant bien soit de diriger l'influx nerveux vers l'avant. Ici, si l'on ne contrôle pas la motricité du contrevenant, il peut arriver à vous saisir aux parties. Au besoin, servez-vous de vos mains pour le contrôler.

On peut également contrôler le contrevenant en appliquant une pression au niveau de la zone du nerf médian. On peut exécuter ces manœuvres à partir de différents angles. Si le contrevenant tente une attaque, on doit en profiter pour capturer son bras et le retourner sur le ventre.

## Par U3 avec contre-pression du bras replié

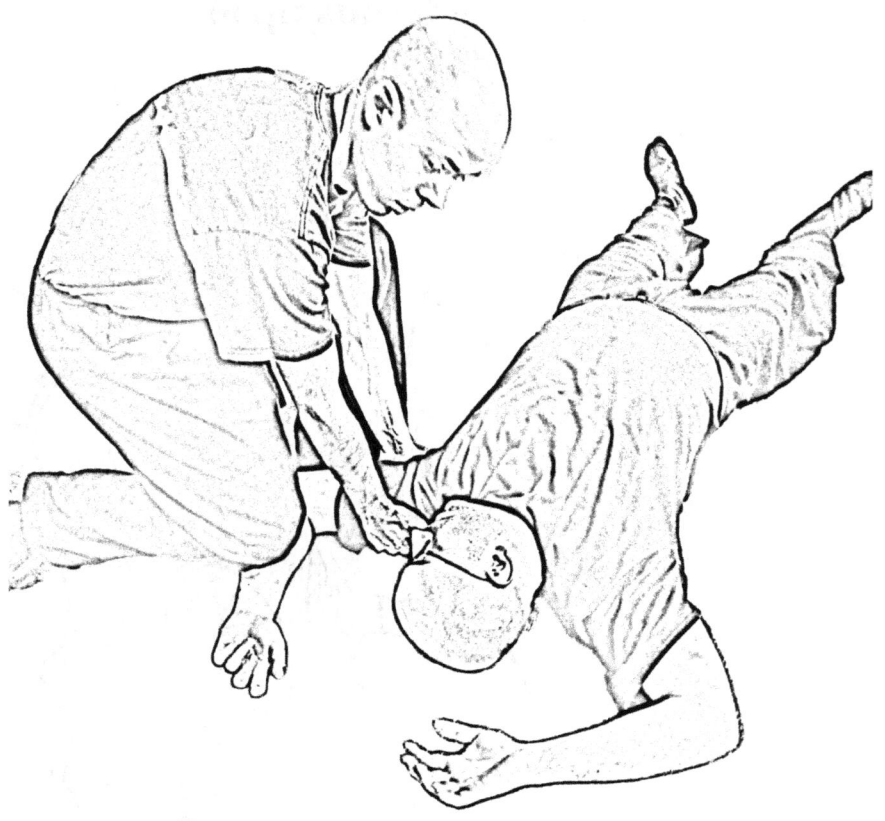

Cette procédure ne peut se faire que si l'on travaille à deux agents ou plus. On effectue une immobilisation du contrevenant en déposant notre genou sur la zone U3 et en mettant nos mains sous le biceps et le triceps du contrevenant. On tire et l'on maintient une tension tant que notre coéquipier n'a pas géré l'autre bras de l'individu. Cette procédure permet de garder le contrevenant cloué au sol, le privant d'une partie de ses points d'appui lui permettant de se relever aisément.

> Exemples de commandements verbaux :
> - Monsieur, cessez d'être agressif, immédiatement.
> - Lentement, donnez-moi votre autre bras.

# Bloc no 3: Hypoglosse

Bien que difficile d'accès, ce nerf situé à la base de la langue peut parfois se révéler très utile. Pour localiser l'emplacement d'où on peut l'atteindre, déposez votre pouce sur le devant de votre menton et dirigez-vous vers l'arrière. Vous allez pouvoir sentir une petite encoche en V. C'est à cet endroit que nous travaillerons.

**Entraînement avec un sujet debout**

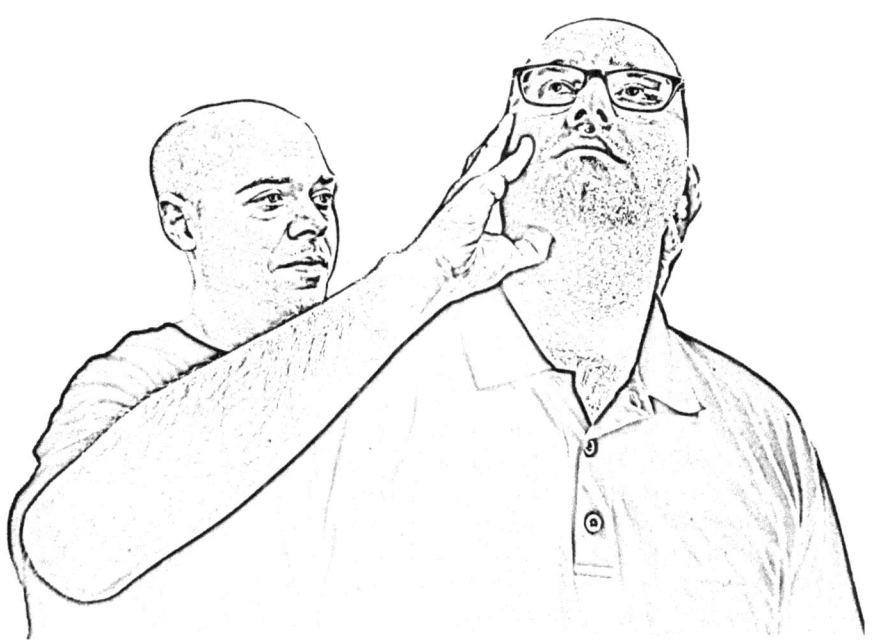

L'agent se trouve derrière le contrevenant et positionne son pouce à l'hypoglosse tout en effectuant une contre-pression de l'autre main. Durant l'entraînement, on peut dicter différents commandements verbaux, tels que de lever un bras ou une jambe. Si le partenaire d'entraînement obéit, c'est probablement que vous êtes dans la bonne direction. Lorsque l'on met la pression du bout du pouce, on doit diriger la pression vers le sommet du crâne.

Naturellement comme on utilise le bout du pouce, les ongles doivent être courts afin de ne pas blesser le contrevenant ou de laisser des traces pouvant être interprétées comme de la violence. Même si les risques de blessures dans ce type de contrôle sont de loin inférieurs à ceux d'un contrôle articulaire, les apparences peuvent jouer contre l'agent. Il ne faut pas oublier également de relâcher la pression si l'individu coopère et obéit à nos commandements. Pour arriver à maîtriser ce type de point de pression, il faut s'entraîner à le faire sur différentes personnes. Il y a en effets de légères différences sur la structure osseuse du menton de chaque personne, ce qui peut rendre parfois l'accès à cette zone un peu plus difficile. L'entraînement sous la supervision d'un instructeur compétent et la pratique régulière sont la clé du succès.

Il ne faut pas oublier d'effectuer une contre-pression de l'autre main et que toute action doit être faite comme si vous étiez filmé. Si vous utilisez votre pouce en refermant les autres doigts, sur une photo vous donnerez l'impression que vous donnez un coup de poing à la mâchoire du contrevenant. Il faut garder la main ouverte, les autres doigts étant appuyés contre le visage du contrevenant. La forme de la main ressemble à un demi-ovale. On utilisera cette technique pour faire lâcher l'emprise que peut avoir le contrevenant sur une autre personne ou pour le faire déplacer et même dans certains cas, l'amener au sol par un contrôle de la douleur.

# Bloc no 4: Infraorbitale

C'est probablement le point de pression le plus employé par les policiers dans cet univers des points de pression. Parce que cet endroit est facilement accessible, la plupart des gens sont d'avis qu'il ne demande que peu ou pas d'entraînement. C'est faux, l'utilisation de ce point requiert une certaine dextérité pour être efficace à cent pour cent. Pour l'entraînement, il est conseillé de débuter assis sur une chaise. Dans un premier temps, on passe une main devant le visage de notre partenaire d'entraînement et on met le majeur sous son nez. Pourquoi ce doigt? Parce qu'en agissant ainsi, on court moins de risques de se faire mordre la main qu'en utilisant l'index. On place ensuite notre autre main derrière la tête afin de faire une contre-pression. L'erreur que font la plupart des agents est de lever en direction des sourcils. Il faut que la tension s'exerce en direction de l'arrière de la tête entre le dos de la tête et le sommet du crâne. Mais avant de faire cela, il faut rouler la lèvre vers le bas comme pour l'étirer. Si le contrevenant résiste, on peut frotter notre doigt sous son nez en le retirant brusquement avec une forte pression.

Un boxeur ou un bon bagarreur qui a déjà eu le nez cassé ne ressentira probablement pas ce point de pression. Il faut apprendre à sentir quand on doit passer à une autre manœuvre. On ne doit pas s'acharner à faire fonctionner un point de pression si le contrevenant ne semble pas réagir, on doit rapidement changer de stratégie. Pour savoir si l'on applique bien la pression sur notre partenaire, on peut demander des commandements tels que lever la jambe ou un bras. Bien sûr, on utilisera cette technique en prenant le contrôle d'un individu par l'arrière. Que ce soit pour le séparer d'un adversaire ou simplement pour le faire aller là où l'on veut l'amener, ce point est généralement performant. On applique ici un contrôle par la douleur qui se jumèle à une technique de déséquilibre.

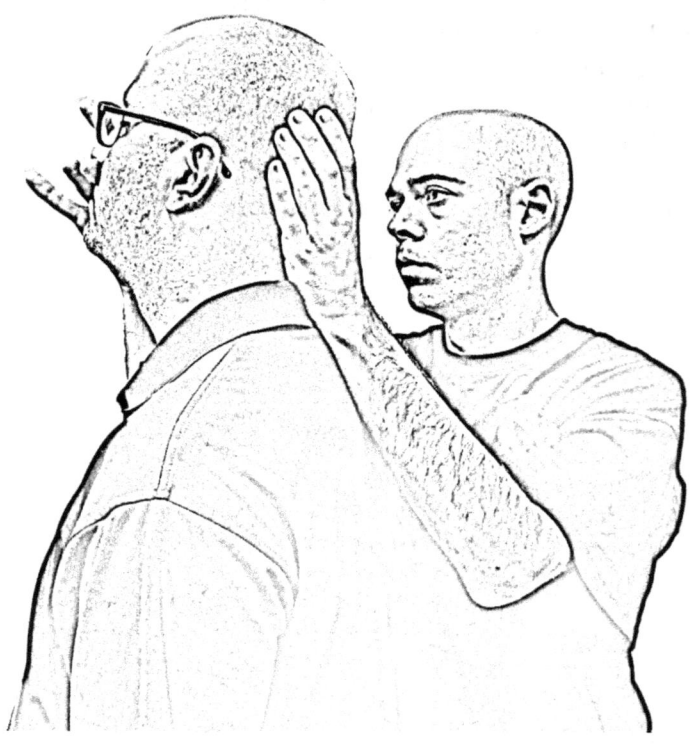

Il ne faut pas oublier d'appliquer une contre-pression à l'opposé du point visé. On ne veut pas projeter le contrevenant par l'arrière, on veut effectuer une technique de distraction ou un contrôle par la douleur. Si vous n'effectuez pas de contre-pression, le contrevenant peut être blessé au niveau du cou. On doit également s'assurer qu'il ne tombe pas sur le dos risquant ainsi de se blesser.

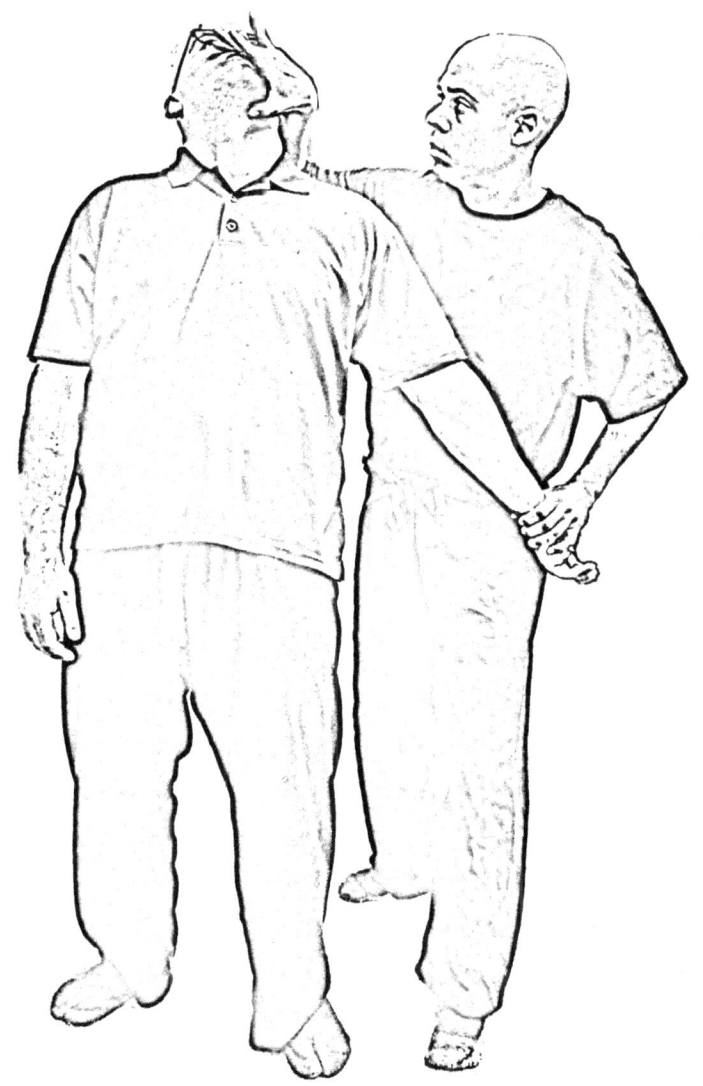

On peut également utiliser ce point de pression à partir d'une position d'escorte par un bras. Lorsque le contrevenant commence à se débattre, on dépose notre majeure sous son nez pour le déséquilibrer par l'arrière puis on le ramène rapidement en exerçant une pression contre son coude pour le faire tomber à plein ventre. On doit s'assurer qu'il ne puisse nous mordre. En gardant les doigts tendus et en utilisant le majeur plutôt que l'index, on diminue les risques liés à ce problème. On doit s'assurer de ne pas laisser échapper le bras que l'on tient de l'autre main.

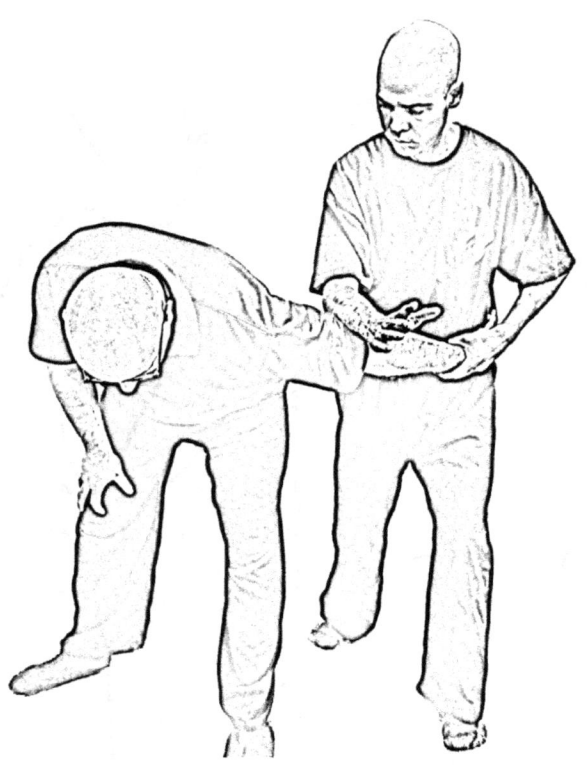

Après avoir mis une pression sous le nez pour amener légèrement le contrevenant sur ses lombaires, on relâche la pression. Il ne faut pas aller trop loin par l'arrière, on doit s'assurer qu'il puisse revenir vers l'avant. Lorsqu'il tente de se redresser, on accentue son effort en le faisant plier en deux vers l'avant. Pour le ramener au sol, on ne doit pas mettre la pression sur le triceps, mais dans le petit espace situé juste derrière la pointe du coude. C'est à cet endroit que l'on peut atteindre le nerf visé. On prendra soin d'appuyer avec le tranchant de notre os. Tout le monde s'est un jour ou l'autre cogné le coude et a été en mesure d'expérimenter la dysfonction motrice que cela génère. C'est à cet endroit que l'on appuiera le tranchant de notre avant-bras pour descendre le contrevenant sur le sol. Prenez note qu'une personne au nez sensible pourra dans certains cas saigner du nez.

Exemples de commandements verbaux :
- Monsieur, descendez au sol, au sol.
- Restez tranquille, cessez de me combattre.

# Bloc no 5: Nerf sciatique externe, fémoral et tibial

## Sciatique externe

Le nerf sciatique externe est un embranchement secondaire du nerf sciatique qui remonte sur le côté de la cuisse. En utilisant diverses techniques de percussion, on peut arriver à créer des dysfonctions motrices suffisamment fortes pour que la jambe ne puisse plus supporter le poids du corps. Beaucoup de personnes se sont amusées un jour ou l'autre à frapper le côté de la jambe d'un coup de genou. C'est cette cible qui nous intéresse.

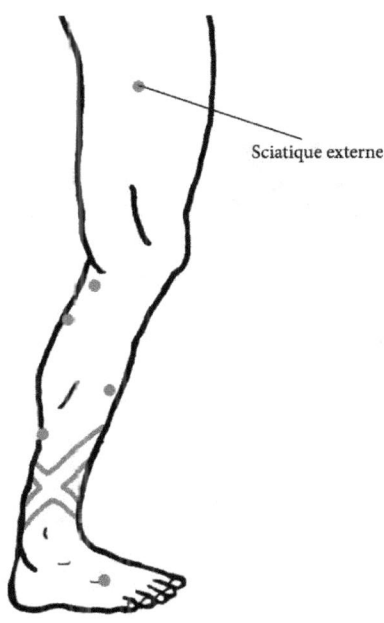

## Utilisation du tibia

L'utilisation de ces points peut sembler extrêmement violente lorsqu'on utilise notre tibia pour frapper sur la cuisse. Cependant, c'est une zone très solide où les systèmes utilisant des bâtons sont autorisés à frapper. Pour avoir un maximum d'effet, on utilisera un shin kick, à ne pas confondre avec un round kick, le coup de pied circulaire généralement utilisé dans les arts martiaux. Ce dernier coup permet au genou de plier. Il ne crée pas d'onde de choc et son impact ne permet généralement pas d'atteindre le nerf sciatique s'il est situé un peu plus profond. L'étudiant doit apprendre à donner ce coup en gardant sa jambe tendue.

C'est un peu la même chose que si l'on enfourchait un vélo. On pourra utiliser ces techniques de percussion en arrivant par l'arrière. On appliquera cela en prenant soin de ne jamais toucher au genou. Il faut que le point d'impact soit au minimum de 8 à 10 centimètres (de trois à quatre pouces) au-dessus du genou. Il peut arriver que des personnes aux cuisses particulièrement musclées aient des étourdissements et parfois même une perte de conscience légère suite à ce type de procédure. On doit rapidement avancer sur le contrevenant par la suite et le saisir par un bras pour l'amener au sol s'il n'y est pas déjà.

**Utilisation du genou**

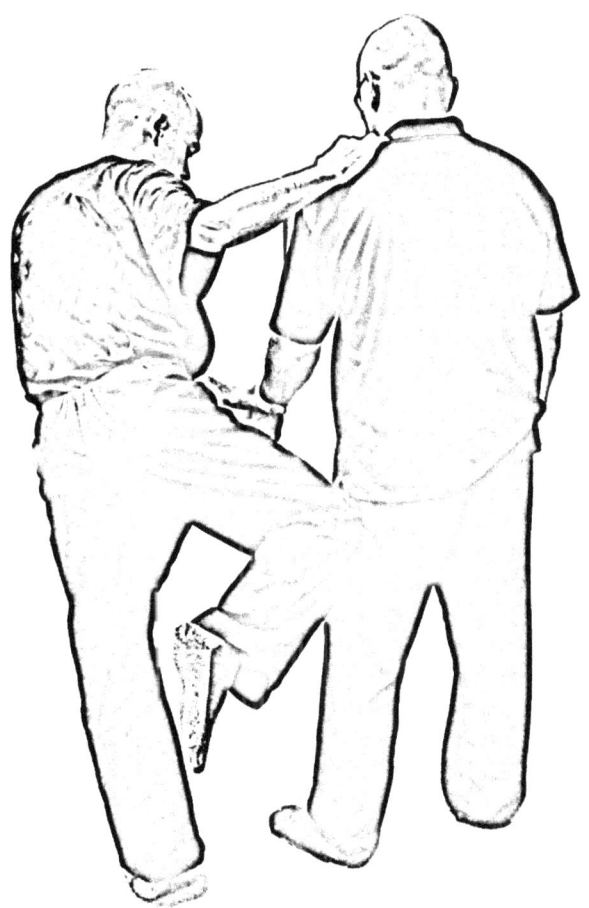

Cette technique est un classique de la cour d'école. C'est fréquent de voir les enfants s'amuser à donner un coup de genou à cet endroit. Dans plusieurs situations, on peut utiliser nos genoux pour créer l'onde de choc nécessaire à cette dysfonction motrice. On peut procéder avec des approches arrières ou latérales. Au moment de l'impact, on doit laisser mourir notre genou sur la cuisse du contrevenant. On garde le contact ce qui permet à l'onde de choc de pénétrer les muscles en profondeur. On doit ensuite se dépêcher d'aller saisir le bras de l'attaquant afin de procéder rapidement à un contrôle articulaire.

Il peut arriver que certaines personnes s'évanouissent sous le choc. La perte de conscience est d'environ 7 à 12 secondes. C'est très rare, mais chez les gens qui ont les muscles des jambes particulièrement développés, on a besoin de moins de force pour créer la dysfonction motrice.

### Coup de poing marteau

On peut également atteindre ce point de pression à l'aide d'un coup de poing marteau. On peut le faire en se tenant derrière le contrevenant ou dans des cas extrêmes où l'on n'a pas le choix, on peut le faire en se tenant devant le contrevenant. Il va sans dire que le fait que l'on doive se pencher un peu pour atteindre le muscle nous met dans une position vulnérable. Il faut être conscient de cette réalité et être prêt à réagir si besoin est.

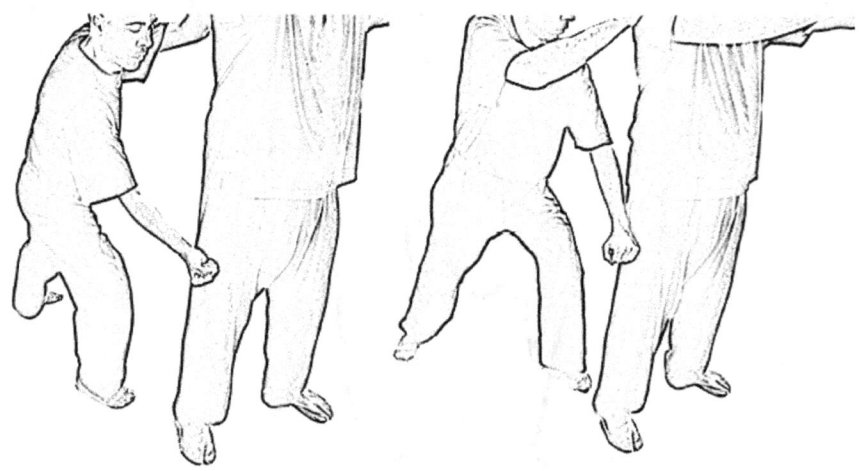

Lorsque l'on utilise ce point en arrivant par l'arrière, on peut le faire avec le bras du même côté ou avec le bras qui frappe en croisé si l'on n'est pas habile des deux bras. Pour maximiser l'onde de choc, on doit laisser mourir notre percussion. Le but recherché ici est de créer une dysfonction motrice.

> Exemples de commandements verbaux :
> - Couchez-vous sur le sol, tout de suite.
> - Faites ce que l'on vous dit, mettez les genoux au sol.

**Utilisation du talon**

Dans le système DAPP, il existe une autre manière d'atteindre ce point de pression. Elle demande cependant souplesse et habileté de la part de l'agent. Cette technique n'est pas conseillée à tous, mais lorsque l'agent en a la capacité, elle s'intègre bien dans un système de défense basé sur la distraction et la dysfonction motrice.

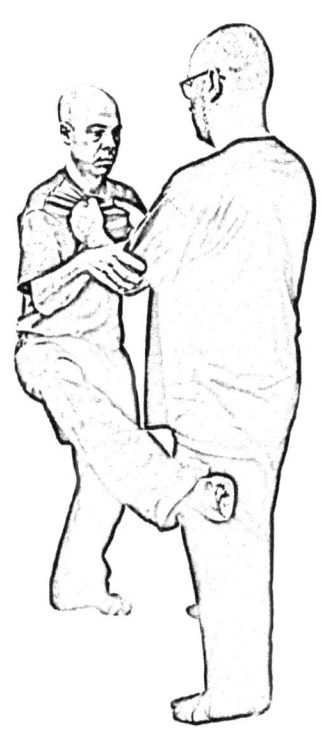

On l'utilisera dans un scénario où le contrevenant saisit l'agent à deux mains au collet. On utilise la pointe du talon pour venir frapper le nerf sciatique externe. La motion est un peu comme si l'on désirait croiser une de nos jambes par-dessus l'autre lorsqu'on est assis. On sécurise notre équilibre en s'agrippant après le contrevenant. Dans les arts martiaux traditionnels, il y a ce que l'on appelle des kakushi waza, c'est à dire des techniques où les frappes sont dissimulées d'une quelconque façon. Ici, ce sont les bras des deux antagonistes qui cachent le coup de talon. On obtient un effet de distraction en plus de la dysfonction motrice. Cette procédure demande un minimum de souplesse et n'est pas faite pour être utilisée par tout le monde. Or, pour ceux qui possèdent cette souplesse, cette technique est particulièrement efficace avec un minimum d'entraînement.

**Nerf fémoral**

Situé à l'intérieur de la cuisse, c'est probablement l'un des endroits les plus sensibles du corps. On peut atteindre ce nerf à l'aide d'un coup de genou ou d'une frappe du talon.

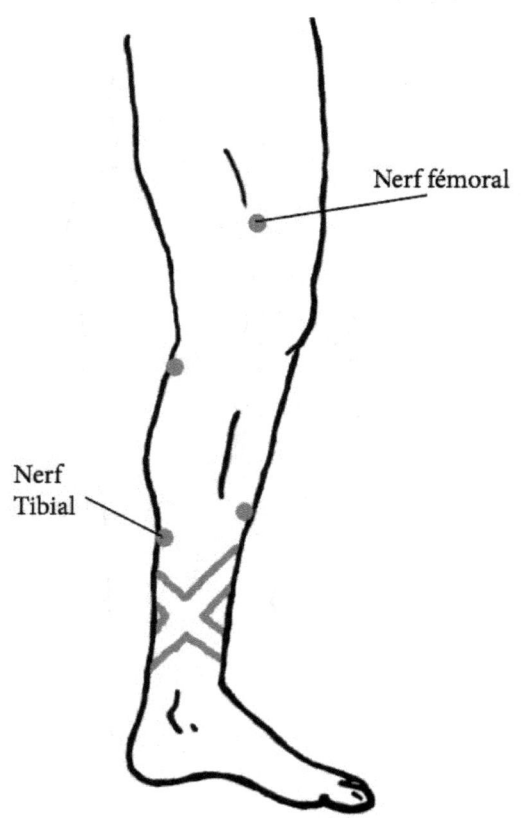

## Utilisation du genou

On ne décide pas de la technique que l'on va utiliser. On ne fait que s'adapter aux conditions que nous donne le contrevenant. On ne doit pas préparer une stratégie. Si l'occasion ne se présente pas, on demeurera prisonnier de celle-ci et l'on ne verra pas les opportunités qui s'offrent à nous. On doit attendre le bon moment pour faire ce qui est adéquat dans ce genre de situations.

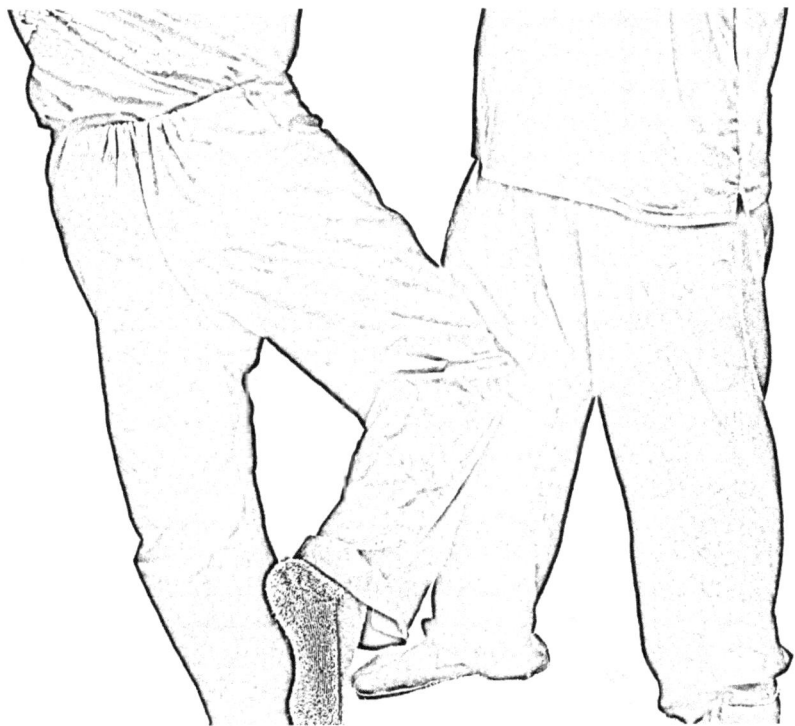

On peut, dans certaines circonstances, utiliser nos genoux pour atteindre le nerf fémoral. Dans un contexte où l'agent et le contrevenant se sont agrippés l'un à l'autre, si le contrevenant recule une jambe on peut arriver avec un peu d'entraînement à frapper ce nerf de notre genou. On se tiendra fortement après le contrevenant afin de maintenir notre équilibre. Il faut faire attention de ne pas le frapper aux parties. Pour les spectateurs de l'extérieur, cette manœuvre donnera l'impression que l'agent a frappé volontairement le contrevenant aux parties ce qui n'est pas le cas. Or, les apparences étant ce qu'elles sont, il faut garder cette réalité en tête et s'assurer que l'on ait écoulé les autres possibilités de contrôle avant d'en arriver là.

Si le contrevenant tombe sur le dos et qu'il ne relâche pas son étreinte, il se peut que l'on soit entraîné avec lui au sol. On gardera une jambe entre ses jambes et l'on déposera notre genou sur son nerf fémoral. Peu importe où l'on appuiera notre genou à l'intérieur de sa cuisse, comme cette zone est très grande, on est assuré d'avoir un minimum de résultat. La jambe ainsi appuyée au sol offrira un maximum d'effet. Il y a de fortes chances que le contrevenant lâche tout et se torde sous l'effet de la douleur. On doit rapidement tenter de saisir l'un de ses bras pour le retourner et faire la mise des menottes.

**Nerf tibial**

On utilise ce type de technique dans une situation où le contrevenant s'en est pris à une autre personne. On donnera un coup du bout de la chaussure à la base du mollet. On frappera en remontant ce qui aura pour effet de briser l'équilibre du contrevenant. Ce point n'est pas très douloureux, mais il pourra occasionner une redistribution du poids du corps, créant ainsi une ouverture à une technique de contrôle. Cette technique utilise aussi le principe de distraction afin de détourner l'attention du contrevenant.

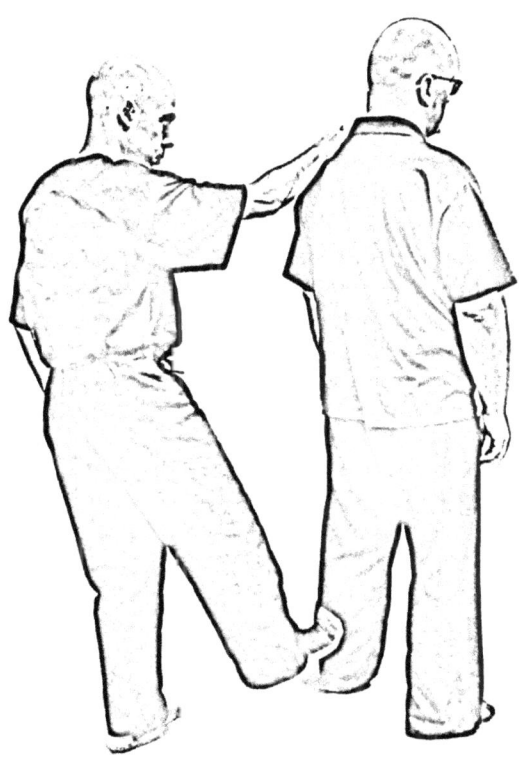

Exemples de commandements verbaux :
- Descendez au sol, tout de suite.
- Lâchez-le, obéissez.

# Bloc no 6: Prise de contrôle à plusieurs agents

Bien que le DAPP met surtout l'emphase sur le travail en solitaire, il offre cependant diverses techniques où l'on peut travailler à deux agents ou plus. Dans les techniques de prise de contrôle que l'on utilisera ici, il faut comprendre ce qu'est un code signal. Le cerveau humain a une faible capacité à analyser plusieurs données en même temps. Lorsqu'un contrevenant se retrouve entouré de plusieurs agents, il en regarde un, puis un autre, il scrute les endroits par où il pourrait s'échapper. Bref, son ordinateur tente d'analyser une grande quantité d'informations. Dans un combat contre plusieurs adversaires, on peut s'en sortir parce que la plupart des assaillants n'attaquent pas en même temps. Le cerveau analyse les données l'une après l'autre. Il a la capacité de passer rapidement d'un scénario à un autre, car chaque attaque est simple à analyser. Par contre, dès que l'information s'achemine de plusieurs façons différentes, le cerveau prend un certain temps à analyser de quel adversaire il devra s'occuper en premier, si ces derniers œuvrent en même temps.

Lorsque l'on intervient à plusieurs agents, il faut coordonner notre prise de contrôle. Pour ce faire, on utilisera un code signal, un mot qui fera en sorte que tous les agents avancent en même temps sur le contrevenant. L'agent qui négocie utilisera ce mot-clé dès qu'il jugera l'occasion favorable. Lorsque le contrevenant discute avec un troisième agent et que les deux autres interviennent de façon synchronisée, son cerveau aura de la difficulté à analyser toute l'information. Pour arriver à un tel résultat, il faut que les agents soient habitués à travailler ensemble et qu'ils foncent sur le contrevenant dès que le mot-clé aura été prononcé. Le timing est la clé du succès. Il faut que les agents bougent sans hésitation.

Il peut y avoir divers positionnements possibles. Un négociateur devant le contrevenant et deux agents de chaque côté de lui. Ces agents peuvent être devant lui, sur le côté ou derrière. Au moment du mot-clé, on frappera de notre avant-bras en faisant un mouvement de rotation vers le bas. On attaquera la base du triceps juste au-dessus du coude.

# De face

On tentera de compresser les bras du contrevenant de chaque côté de son corps avant de prendre le contrôle des bras. Comme la percussion de l'avant-bras se fait vers le bas, le contrevenant pliera probablement les jambes l'empêchant ainsi de bouger. Cette procédure ouvre la porte à divers contrôles articulaires. On peut enchaîner d'une frappe du genou au nerf sciatique externe afin d'amener le contrevenant au sol plus facilement. Pour qu'elle soit efficace, la percussion doit se faire en transférant tout le poids du corps vers l'avant, de façon à ce que les bras du contrevenant demeurent près de son corps durant un court instant. Les agents doivent prendre le contrôle des bras et s'ils en ont la possibilité, ils peuvent piler sur les pieds du contrevenant ce qui limitera complètement sa mobilité.

## Par l'arrière

Au mot-clé, les deux agents frappent le contrevenant de leurs avant-bras sans oublier de rouler l'avant-bras vers le bas pour faire plier les genoux du contrevenant. On peut faire cette manœuvre tout en saisissant les poignets du contrevenant pendant l'impact ou après. Une procédure efficace à faire lorsque l'on tient les bras du contrevenant est de simplement appuyer sur ses pieds afin de limiter ses déplacements. Dans bien des cas, grâce à ce petit stratagème, le contrevenant tombera vers l'avant. Il faut cependant veiller à ce qu'il ne se blesse pas en tombant au sol. On tentera de ralentir sa chute tout en le maîtrisant.

Exemples de commandements verbaux :
- Cessez d'être agressif, immédiatement.
- Descendez au sol, au sol.

# Bloc no 7: Saisie au collet à deux mains

### Dégagement par la trachée

Le contrevenant saisit l'agent au collet à l'aide de ses deux mains. Dans le processus qui nous intéressent ici, on tentera de changer le schème de pensée de l'agresseur d'offensif à défensif. Pour y arriver, nous allons utiliser le point de pression situé à la trachée.

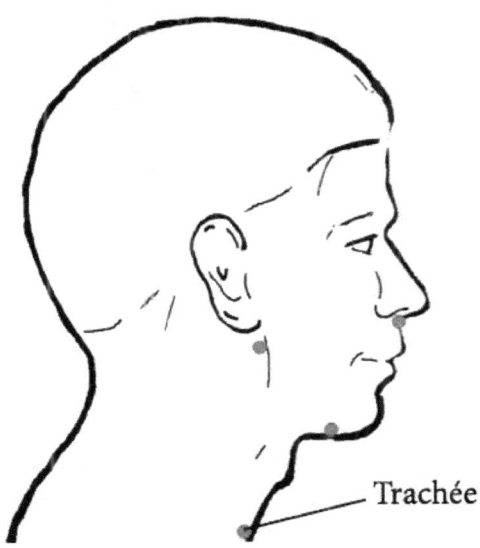

La plupart des systèmes de points de pression utilisent l'index et le majeur pour exécuter ce point de pression. Le système DAPP conseille plutôt de se servir du majeur et de l'annulaire. Si le contrevenant essaie de se dégager et d'avancer sur l'agent d'un côté ou de l'autre, le petit doigt et l'index l'empêcheront habituellement d'avancer sur l'agent. De plus, comme ces doigts sont les plus longs, cela nous permet dans certaines situations de demeurer plus éloignés des bras du contrevenant. En positionnant notre corps de côté, on contrôle son centre et on se met hors de portée de ses attaques.

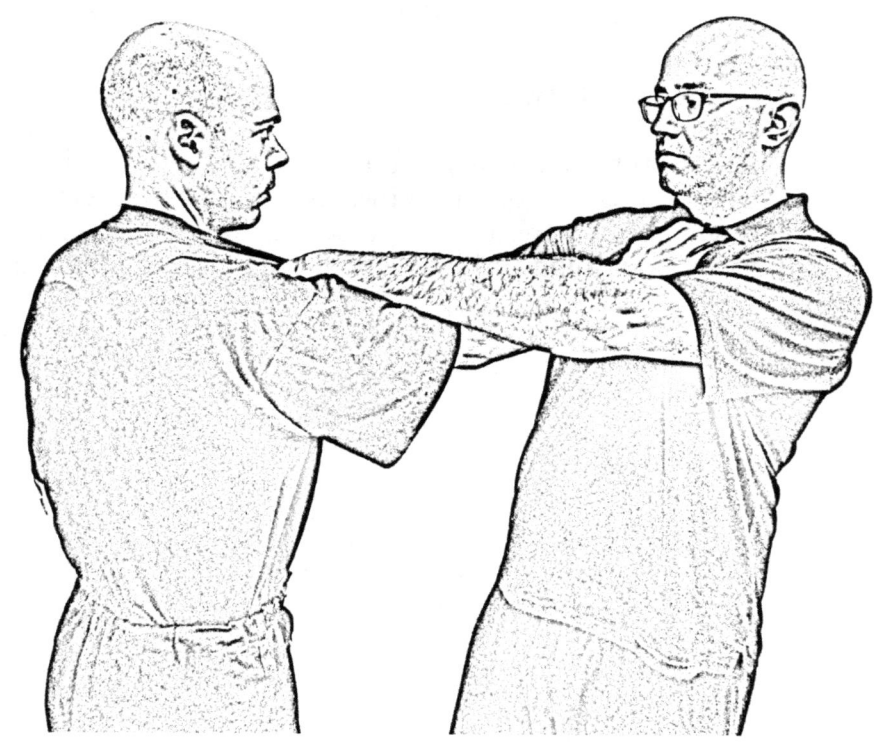

On ne frappe jamais dans cette zone, même avec le bout des doigts. On doit établir un contact du bout des doigts afin de faire une technique de touché pression. Une fois le contact établi, on descend les doigts vers le bas, jamais directement. **Frapper ou mettre la pression en ligne droite peut causer des blessures au contrevenant.** Il peut arriver que certaines personnes ne ressentent pas du tout ce point de pression. Or, même sans cette douleur, il aura tendance à reculer. Le but premier de ce point n'est pas de créer de la douleur, mais d'obliger le contrevenant à relâcher son emprise et à reculer. On profite de ce léger déséquilibre pour effectuer un contrôle articulaire. Une torsion extérieure de la main se fait facilement pour amener l'agresseur au sol.

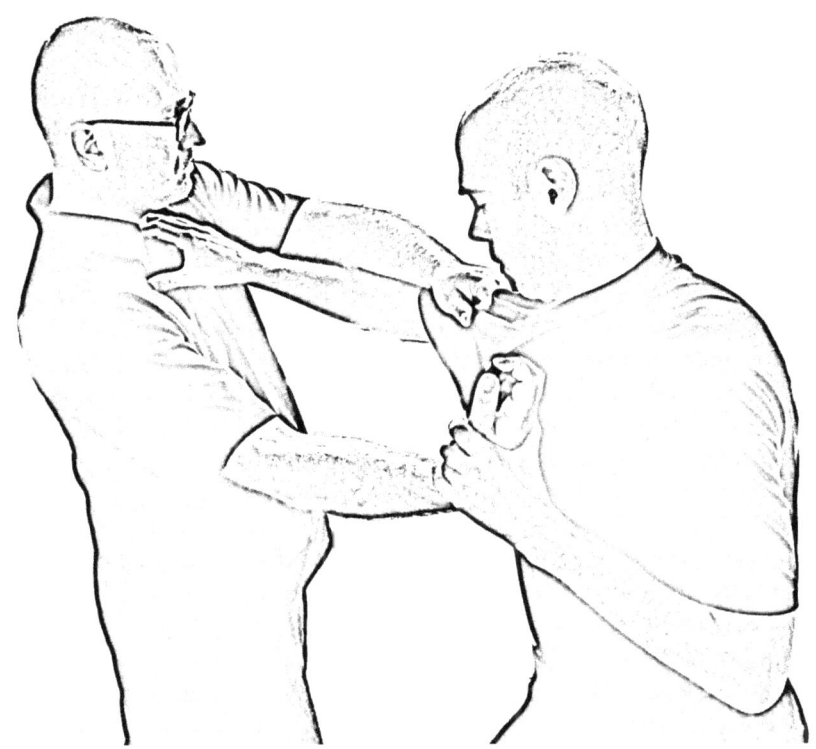

Pendant que l'on pousse les doigts à la trachée du contrevenant, on peut de l'autre main exécuter une torsion de poignet. On tourne la main qui nous a agrippés vers l'extérieur. On ne tente pas d'agripper le poignet, mais l'intérieur de la main. Si notre opposant a les bras humides, nos doigts glisseront sur son poignet. En saisissant l'intérieur de la main et en appuyant le pouce sur le dessus de la main, il est facile de contrôler le contrevenant. Lorsque l'on fait la torsion de poignet, il y a plusieurs façons de l'amener au sol. La plus simple consiste à marcher pour aller derrière lui en restant près de lui. On descend sa main le plus bas possible pour l'obliger à plier les genoux et à descendre sur sa position. Cette action doit s'accomplir dès l'instant où il a reculé suite à notre pression dans la trachée. Une attente trop longue nous rend vulnérables à son autre bras.

Exemples de commandements verbaux:
- Descendez au sol, immédiatement.
- Lâchez-moi, tout de suite.

## Déséquilibre par R4 et U4

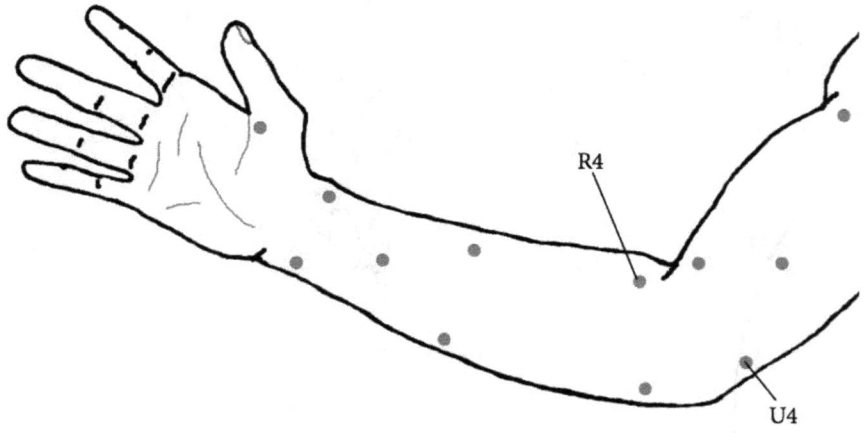

L'utilisation que nous allons faire de ces points est difficile. Il ne faut pas oublier que ce manuel n'est qu'un aide-mémoire pour ceux qui ont déjà suivi le cours de base. Ces points s'apprennent généralement sous la supervision d'un instructeur qualifié. Ils sont difficiles à trouver, mais tellement pratiques à utiliser lorsqu'on a appris à bien les localiser. Il faut apprendre à sentir avec le bout des doigts. Chaque personne est un peu différente et la façon de bouger les doigts peut varier légèrement d'un individu à un autre. Par contre, une fois que l'on a saisi le principe de ce que l'on recherche, il devient facile d'utiliser ces zones sensibles.

Souvenez-vous, lorsque vous mettrez le pouce sur R4, vous aurez l'impression de sentir une grosse corde. On met la pression en roulant fortement cette corde vers l'extérieur. On met un pouce sur le quatrième point de la ligne radiale et l'autre pouce sous le point U4 de l'autre bras en soulevant le bras du contrevenant. Ce dernier point n'est absolument pas douloureux. Cependant, une fois que le bras est en l'air, il coupe l'action motrice du bras. Cette technique amène le contrevenant à être déséquilibré sur le côté. Le point radial utilise le principe de l'arc réflexe créé par la douleur alors que l'autre point n'est utilisé que pour créer un déséquilibre. En utilisant ces deux points conjointement, on se déplace légèrement sur le côté de l'agresseur. Il est possible dans bien des cas d'amener l'attaquant à tomber au sol. On doit garder le contrôle du bras qui est élevé pour faire une clé contraignante. Comme dans bien des techniques, le déplacement est un élément important pour la réussite du dégagement.

## Double pression par R4

Il faut se souvenir que plusieurs points de pression fonctionnent mieux avec une personne à la musculation développée. Lorsque le contrevenant saisit l'agent au collet, ce dernier dépose les mains sur les avant-bras de l'agresseur. Puis avec ses deux pouces, il fait rouler les tendons de chacun des bras vers l'extérieur. L'agent doit appuyer fortement pour maximiser le résultat.

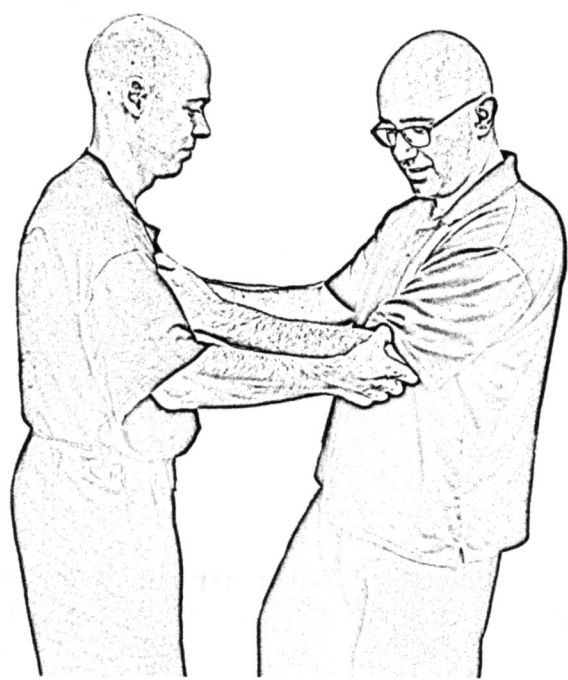

On peut constater immédiatement si le contrevenant sera réceptif ou non à cette procédure. Chez les gens sensibles, les genoux plient instantanément. Une fois qu'il aura plié les genoux, on exécute un contrôle articulaire et on peut amener l'agresseur au sol pour une mise des menottes. Naturellement, si l'on constate que ces points n'ont pas ou peu d'effets sur le contrevenant, on changera rapidement de stratégie. Comme il nous tient au collet à deux mains, cela nous laisse un peu de temps pour changer de stratégie.

> Exemples de commandements verbaux:
> - Cessez de m'agresser, immédiatement.
> - Lâchez-moi, tout de suite.

## Double frappe au radial

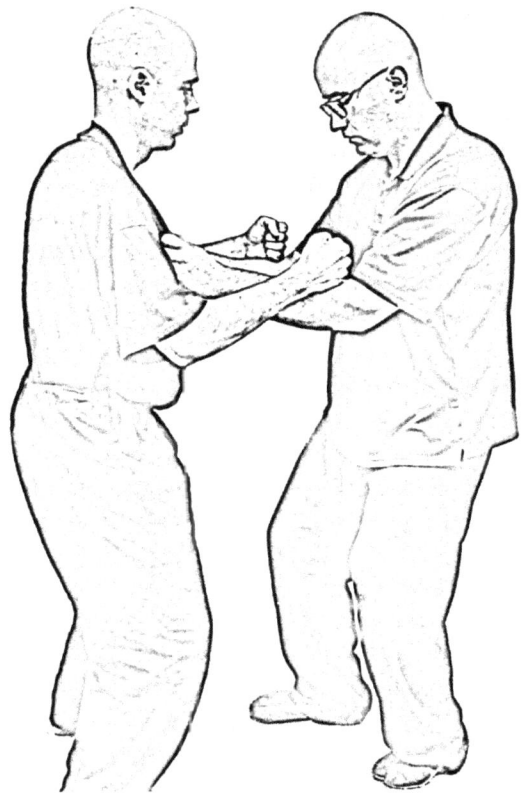

La technique utilisée ici est très simple, on utilise un coup de poing marteau sur chacun des nerfs radiaux du contrevenant. Il ne faut surtout pas oublier de laisser mourir notre frappe et de plier les genoux au moment de l'impact afin que l'on de choc pénètre en profondeur. Le résultat est que dans la majeure partie du temps, si les coups sont bien portés, le contrevenant relâchera son emprise. Pour maximiser l'utilisation de ces zones, on peut donner plusieurs frappes successives sur la même cible. La première frappe pourra dans certains cas amener l'agresseur à être plus tendu s'il désire résister. Cette tension des muscles facilitera l'onde de choc nécessaire pour atteindre le nerf radial. Dès que l'on sent les bras ramollir, on en profitera pour aller exécuter une clé de contrôle articulaire. Il faut être prêt rapidement à exécuter un contrôle articulaire. En plus de l'effet de créer une dysfonction motrice, cette procédure utilise également une technique de distraction. Il faut capturer le moment où le contrevenant passe en mode analyse de la situation.

## Frappe au nerf fémoral

Nous avons vu comment donner le coup de genou à cet endroit si l'occasion et le positionnement idéaux se présentent. Encore une fois, il ne faut jamais oublier que l'on ne décide pas de la stratégie à utiliser, mais que ce sont les circonstances qui dicteront la marche à suivre. On doit constamment garder à l'esprit que l'utilisation de cette zone, même si elle est particulièrement efficace, donne une impression de violence. Les témoins auront la vision d'un agent qui agresse une personne en lui donnant un coup de genou aux parties. Même une photo pourrait être trompeuse sur la réalité de la technique.

## Coup de talon au mollet

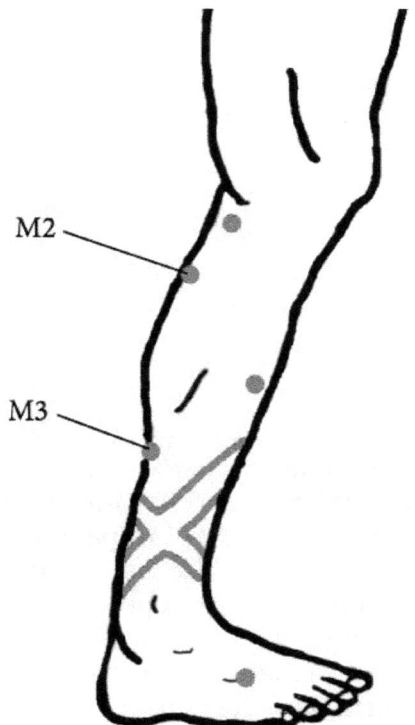

Nous avons vu précédemment la façon de donner un coup de talon au nerf sciatique externe. C'est la même procédure que nous utiliserons ici, mais la cible sera le second ou le troisième point de la ligne du mollet. Cette zone est large et ne demande pas beaucoup de précision. Son application demande une certaine habileté de la part de l'agent.

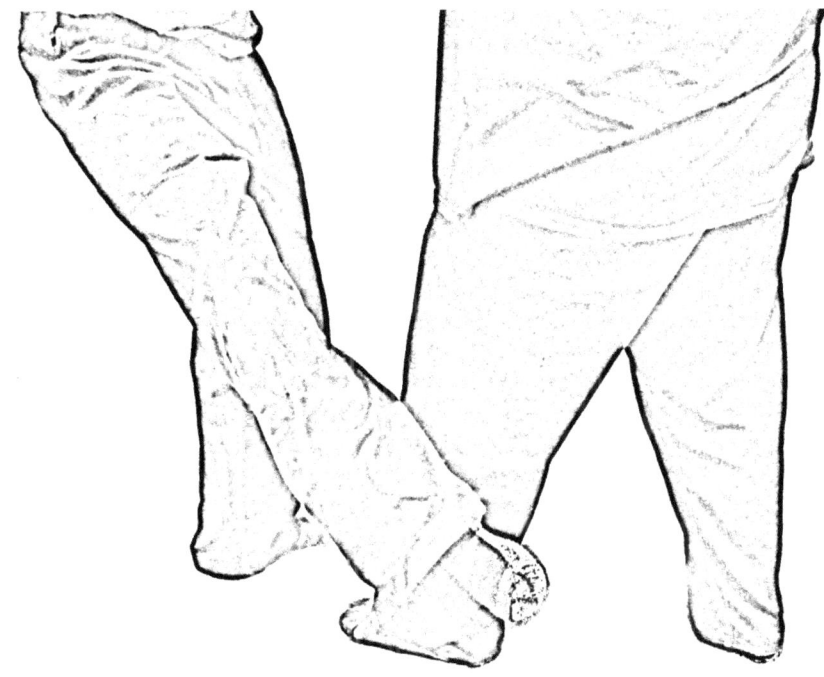

On utilise la pointe du talon pour atteindre cette zone. Il faut s'assurer d'être dans une position d'équilibre forte avant d'utiliser ce type d'application. Pour se sécuriser, on s'agrippe après le contrevenant afin de renforcer notre posture. Après avoir frappé, dès que l'on ressentira le corps du contrevenant s'affaisser d'un côté ou de l'autre, on en profitera pour saisir un bras et effectuer un contrôle articulaire. Même si l'on manque de précision, toute la zone située sur le côté du mollet entre ces deux points est sensible. Comme c'est avant tout une technique de distraction, on pourra enchaîner d'une pression à la trachée avant de tenter d'exécuter un contrôle articulaire. Si la technique ne fonctionne pas, comme le contrevenant tient l'agent, ses poings ne sont pas dangereux durant un moment. On peut changer de technique et aller à un point comme la trachée. Dans ce type d'utilisation, comme on a attaqué la partie inférieure du corps, l'agresseur a tendance à porter son attention sur cette zone. Il devient alors facile de le manipuler par les points du haut du corps.

Exemples de commandements verbaux:
- Monsieur, vous m'agressez.
- Lâchez-moi, immédiatement.

# Bloc no 8 : Saisie au collet d'une main et frappe de l'autre

### Pression à la trachée sur l'attaque

Dans les mises en situation qui vont suivre, le contrevenant saisit l'agent au collet d'une main et s'apprête à le frapper du poing de son autre main. Dans un premier temps, on doit sécuriser la main qui nous agrippe. Dans un combat, lorsqu'une clavicule se brise, c'est rarement un coup de poing direct qui la casse. En tentant de brasser l'agent, c'est à ce moment que la main qui agrippe peut briser cet os qui est l'un des plus fragiles du corps humain. En déposant notre pouce ou notre paume entre notre corps et les jointures du contrevenant, on minimise ce risque.

Avant que l'action motrice du coup de poing ne soit rendue trop loin, l'agent vient porter ses doigts à la trachée afin de repousser l'attaque et ainsi changer le schème de pensée de l'agresseur. Pour que la manœuvre soit sécuritaire contre un adversaire qui a de longs bras, on doit reculer à un angle d'environ 45 degrés en direction opposée d'où arrive le coup de poing. De cette façon, notre corps se positionne légèrement de côté ce qui nous permet de dominer le centre de l'adversaire. En réalité, c'est lui qui vient s'empaler sur le bout de nos doigts. On termine avec un contrôle articulaire ou encore, on peut désengager le combat en reculant et en accédant aux armes intermédiaires.

Dans ce type d'agression, la plupart des gens tentent d'essayer de bloquer le bras qui attaque. C'est difficile à réaliser si l'on a affaire à un combattant habitué à de tels scénarios. Le bras est difficile à contrer, car il peut jouer sur différents angles et à des hauteurs imprévisibles. Par contre, le centre du corps de l'agresseur bougera peu. Le seul mouvement qu'il peut faire en attaquant est de s'exposer un peu plus et de rendre ainsi certaines zones de pression plus accessibles.

### Clé en torsion intérieure

On peut contrôler l'agresseur par diverses clés. Il y a cependant un mot d'ordre à respecter : il faut que ça soit simple et qu'on l'ait pratiqué suffisamment de fois pour que les automatismes soient présents. Dans ces clés, le positionnement adéquat est important. Une technique bien faite permet de compenser le manque de force musculaire que l'on peut subir face à un agresseur plus costaud. Exécuter ces clés est un exercice de précision qui peut s'acquérir par tous à condition d'y mettre un minimum d'effort.

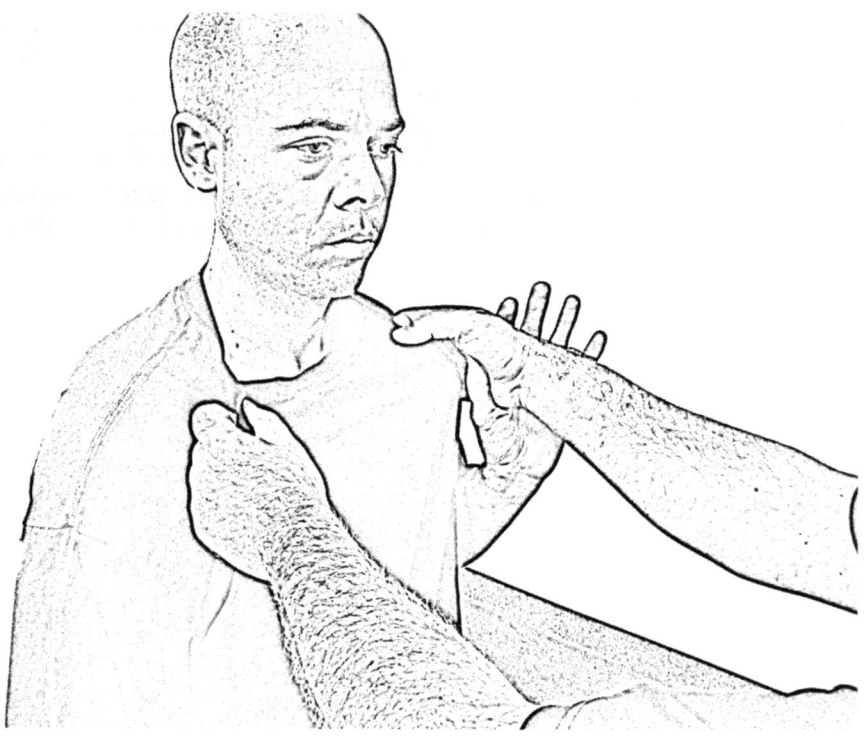

On sécurise la main de l'agresseur en glissant notre pouce dans le creux de sa paume. La paume de l'agent est vers l'avant, le dos de sa main est appuyé contre sa poitrine. Encore une fois, on doit sécuriser la main qui nous agrippe afin de protéger notre clavicule d'un impact si le contrevenant veut nous secouer. Cette façon de sécuriser permet d'avoir un bon contrôle sur le bras de l'agresseur même s'il a les mains moites ou graisseuses. Dès que l'on établit le contact, on commence à reculer légèrement l'autre jambe.

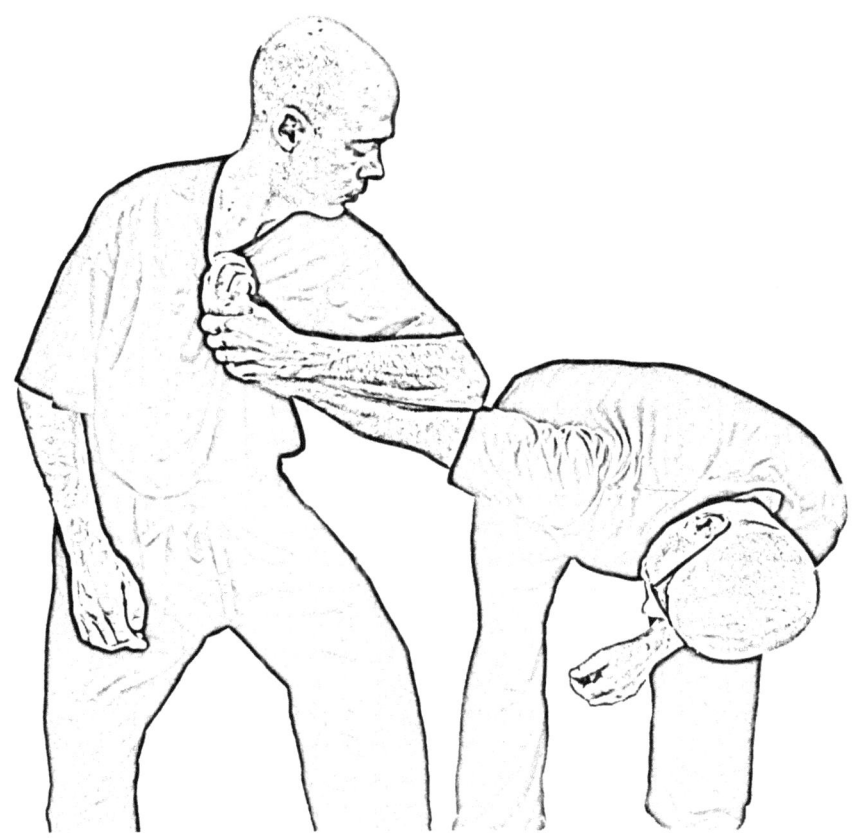

On retourne la main du contrevenant de manière à ce que son petit doit se positionne vers le haut. En même temps, on place notre coude sur le coude de l'agresseur pour l'empêcher de se lever. On doit appuyer contre le coude du contrevenant tout en avançant sur lui. Cette procédure permet de créer un levier puissant qui l'amènera vers le sol. Il faut prendre garde de ne pas donner de coups violents afin de ne pas le blesser au bras. Il faut prendre garde à ne pas tenter de se servir de notre aisselle pour amener l'agresseur vers le bas. Travailler avec le coude est un peu plus difficile, mais cela a l'avantage de nous maintenir la tête hors de portée du poing du contrevenant.

Exemples de commandements verbaux:
- Cessez cette agression, tout de suite.
- Cessez de m'agresser, immédiatement.

## Clé en « S »

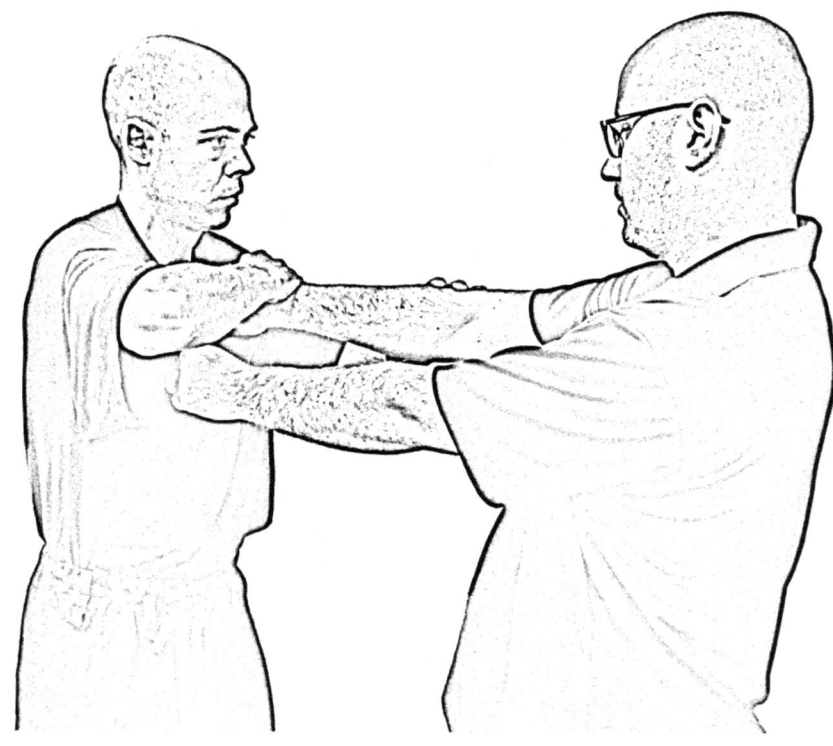

Cette clé est très connue de la plupart des pratiquants d'arts martiaux. Elle est très difficile à exécuter, elle exige l'apprentissage sous la supervision d'un instructeur compétent. Elle peut causer des dommages au poignet si l'on y met trop de force. Lors des formations avec un instructeur, les étudiants apprennent comment doser et utiliser la pression qui est nécessaire. On passe une main par-dessus les deux bras de l'agresseur et l'on vient porter nos doigts sur le tranchant de la main. Le bout de nos doigts est dans le rebord de sa paume afin d'augmenter notre saisie. Comme la clé précédente, on doit reculer pour étirer le bras du contrevenant et amener son petit doigt sur le dessus. Puis on placera notre autre main sur son coude pour obliger le bras de l'agresseur à demeurer parallèle au sol.

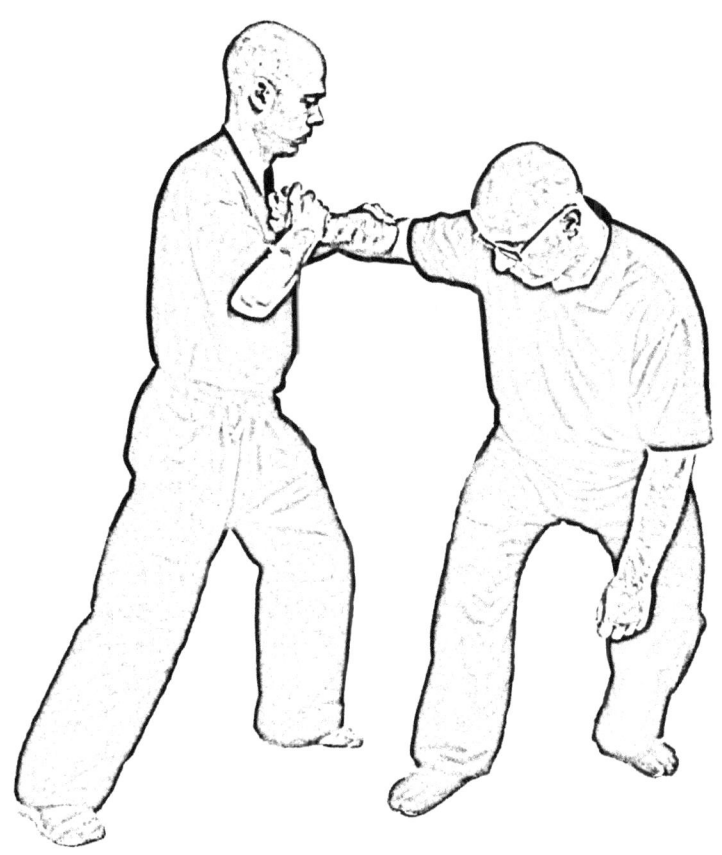

On exercera ensuite une pression sur le poignet en inclinant légèrement notre corps pour augmenter la pression. La pression vient de l'inclinaison de notre corps et non uniquement de la force de nos poignets. Un agent de frêle stature qui maîtrise bien cette clé peut l'appliquer sur un individu beaucoup plus costaud. Lorsqu'elle est bien exécutée, l'effet est immédiat. Le contrevenant aura tendance à s'agenouiller au sol. On terminera alors avec un contrôle articulaire puis une mise des menottes. À partir de cette clé, il est facile d'amener l'agresseur sur le ventre.

## Contre pression au coude

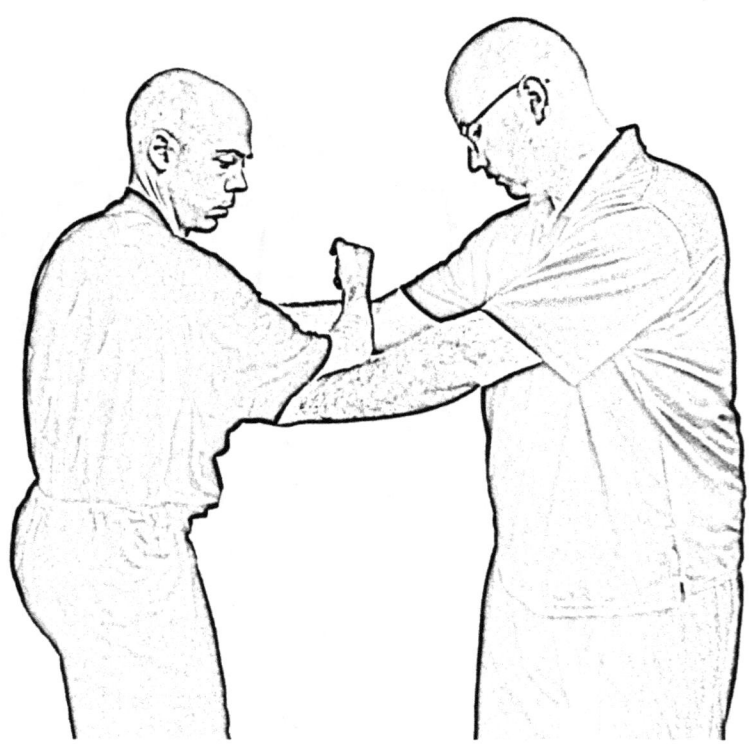

Pour réussir cette clé, on doit créer une ouverture. On peut précéder de plusieurs façons. On peut utiliser nos doigts à la trachée ou encore comme dans l'exemple ci-dessus, on frappe le nerf radial du bras tenant afin d'essayer de faire relâcher la saisie. En même temps que l'on fait la percussion, on se déplace légèrement de côté. On n'oublie pas que pour avoir un maximum d'efficacité, on doit plier les genoux. Une fois que l'on ressent que le bras s'est ramolli, on doit se déplacer sur le côté de façon à se retrouver légèrement derrière le contrevenant.

Ensuite, on effectue un contrôle articulaire en exécutant une contre-pression du bras tenant derrière le coude. On prend soin de garder le poignet du contrevenant sur notre épaule. On presse contre le coude en avançant sur lui. Si le contrevenant tente d'utiliser son autre bras pour nous frapper, on met davantage de pression contre le coude afin de l'amener immédiatement sur le ventre. Il faut s'assurer que la pointe de son coude demeure sur le dessus. Si l'on ne peut l'amener sur le ventre en avançant sur lui parce qu'il résiste dans cette direction, on le tire brusquement vers nous pour le déstabiliser puis on refait la même stratégie.

### Frappe au nerf fémoral

Lorsque le contrevenant nous saisit, on tire le contrevenant vers nous pour tenter de lui faire faire un pas vers l'avant. On enchaîne d'un coup de genou au nerf fémoral. On enchaîne avec un contrôle articulaire. On peut exécuter cette technique uniquement si les jambes du contrevenant sont assez ouvertes pour donner accès à cette zone.

### Centre du tibia intérieur

Il existe un point de pression très peu connu et qui était très utilisé dans les arts martiaux anciens. Le nom du point se traduit approximativement par la base du dragon. Ce point est situé au centre de la partie inférieure de la jambe.

On peut atteindre ce point par un coup du bout de la chaussure

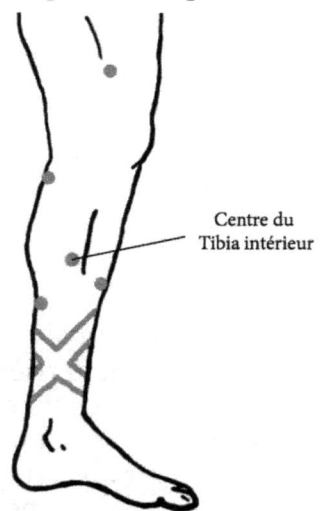

Centre du Tibia intérieur

ou encore par la pointe du talon, si l'on se trouve un peu décalé sur le côté par rapport au contrevenant. On peut même, dans certains cas, frapper une jambe du talon et l'autre zone du bout du pied. Cette façon de faire s'applique bien conjointement aux autres procédures. Cette zone peut créer une dysfonction motrice légère et aussi elle peut servir de technique de distraction.

> Exemples de commandements verbaux:
> - Reculez, tout de suite.
> - Cessez de m'agresser, immédiatement.

# Bloc no 9 : Techniques d'escorte

Il existe différents niveaux lorsque l'on parle d'escorter un contrevenant. On ne parle pas ici d'escorte d'une personne déjà sécurisée comme un prisonnier, mais d'une personne qui n'est pas nécessairement encore sous contrôle et que, pour diverses raisons, on veut la conduire à un autre endroit. Voici les diverses gradations qui sont enseignées au sein du DAPP.

**Techniques d'escortes :**
- À un agent;
- À deux agents;
- Contrôle avec un individu coopératif;
- Contrôle avec résistance verbale;
- Contrôle avec résistance physique légère;
- Contrôle avec résistance physique agressive.

## Technique de reprise de contrôle à partir d'une position d'escorte

**Par l'utilisation des points du bras**

Ici nous travaillerons avec de nouveaux points de pression. Encore une fois, ce manuel n'a pas pour but d'enseigner des techniques, mais d'être un aide-mémoire pour les étudiants qui ont déjà été formés à l'utilisation du système DAPP. Les points qui vont suivre seront difficiles à comprendre s'ils ne sont pas enseignés sous la supervision d'un instructeur certifié.

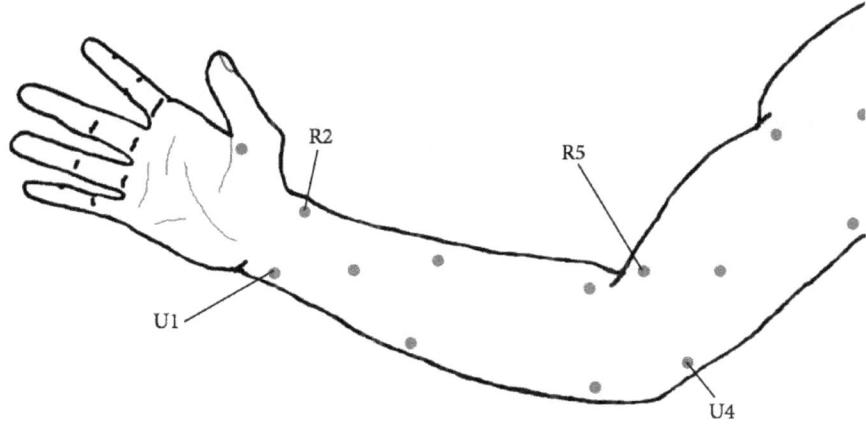

Imaginez un fil qui suit les points du côté radial et un autre du côté ulnaire du bras. Lorsque l'on applique une pression ou une douleur à un point de pression quelconque du corps humain, les autres points deviennent plus sensibles. C'est ce principe que le DAPP utilise pour faciliter les techniques d'escorte. Chaque pression, même légère, amène un mouvement du corps de celui qui la subit. Il faut apprendre à récupérer ces mouvements et les utiliser pour contrôler la personne que l'on doit escorter. Même si la plupart sont sceptiques au début, les gens sont toujours surpris de voir l'efficacité de ces manœuvres lorsqu'elles sont bien faites.

**Escorte avec coopération**

Dans certaines situations le contact physique n'est pas nécessaire et même souhaitable. Cependant, l'agent prendra soin de suivre le contrevenant, de ne pas marcher devant lui. Il doit toujours être prêt à réagir et à passer à un niveau supérieur. Dans cette situation, le contrevenant obéit sans hésitation aux ordres de l'agent. Il peut même se montrer très convivial. Il faut prendre garde de ne pas se laisser notre attention si l'on converse avec le contrevenant. L'effet-surprise est aussi valable pour lui que pour vous. J'ai déjà rencontré des agents qui se sont fait avoir lors de telles situations qui ne laissaient pourtant présager rien d'agressif ou de dangereux.

**Escorte avec résistance verbale**

Le contrevenant marche en suivant l'agent, mais il arrête pour discuter ou argumenter avec l'agent. Il ne semble ni agressif ni dangereux, il s'en tient simplement à une argumentation verbale. Dans la plupart des cas, une main sur l'épaule est suffisante pour le faire avancer si l'agent a de la facilité avec la communication verbale. Si le contrevenant devient un peu plus réactif à un léger contact physique, l'agent devra, s'il ne peut faire autrement, monter son contrôle à un niveau un peu plus élevé. On ne doit jamais prendre comme acquis que l'on aura la complète collaboration du contrevenant. Il ne faut pas que l'escorte se fasse dans un esprit de routine.

## Escorte avec résistance physique légère

Le contrevenant argumente, refuse d'avancer, mais ne donne aucun signe de menace physique envers l'agent. On doit alors prendre le contrôle du contrevenant en le saisissant au poignet et derrière son coude. On tournera sa main de manière à ce que sa paume soit dirigée vers l'avant. On maintient une pression sur le bras en le poussant vers son épaule afin de garder une tension constante sur le bras. Cette technique demande la supervision d'un instructeur afin de bien comprendre la manœuvre. Il faut prendre garde à ne pas laisser le contrevenant plier son bras. Au moindre soubresaut de sa part, on doit pousser son bras contre son épaule en maintenant une contre-pression derrière son coude. Lorsque la technique est bien faite, il est généralement facile d'enchaîner avec un contrôle articulaire.

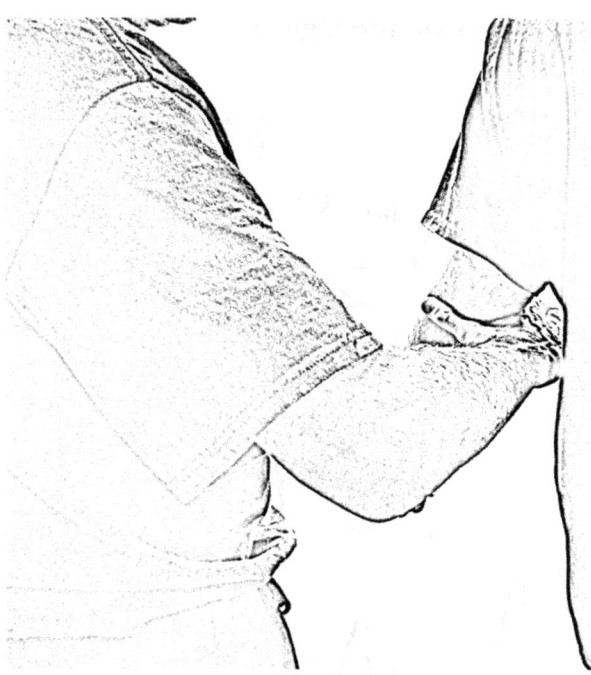

La main derrière le coude prend la forme d'un C et l'on appuie sur le nerf ulnaire. Tout le monde s'est déjà cogné un coude et a pu sentir son bras paralysé un court instant. C'est exactement à cet endroit que l'on déposera notre main sur le bras du contrevenant.

Il existe plusieurs façons différentes de faire des clés d'escorte. Celle-ci offre l'opportunité de passer d'une clé de contrôle à une autre. Dans cette clé en particulier, il faut maintenir une bonne pression derrière le coude du contrevenant et pousser son bras vers le haut comme si l'on voulait le faire entrer dans son épaule. Le tranchant intérieur de la main sur le coude doit être dans le petit creux situé au-dessus de l'os de l'avant-bras. Si le contrevenant relâche sa tension, on peut également diminuer notre contre-pression tout en étant prêt à tout moment à reprendre la clé.

## Escorte avec résistance physique agressive

À partir du moment où l'agent sent son intégrité physique menacée, il doit procéder à une prise de contrôle totale pouvant déboucher sur la mise des menottes. Pour y parvenir, l'agent peut utiliser divers points de pression. Comme exercice de base, sur le cours de formation, l'étudiant doit apprendre à jouer avec ces différents points de pression. L'index de la main qui tient le poignet se place sur le point ulnaire 1 (U1) et le majeur sur le point radial 2 (R2). Pour ce qui est du contrôle du coude, le pouce sera positionné sur U4 et le majeur sur R5. En pressant fortement sur la ligne des points du côté radial, le bras aura tendance à lever vers le haut dans la plupart des cas. En appuyant sur les points de la ligne ulnaire, le bras aura tendance à descendre vers le bas.

À chaque fois que l'on utilise l'un de ces points, on crée un mouvement de la part du contrevenant. Même si parfois cela peut complètement le déséquilibrer, ce n'est pas le but. La procédure a pour objectif de déclencher des mouvements que le contrevenant ne gère pas. On doit simplement récupérer ses gestes désordonnés pour l'amener là où on le désire. Dans cette procédure, on utilise les techniques de contrôle par douleur, de distraction et de déséquilibre pour gérer le contrevenant.

Il n'est pas rare que des étudiants qui suivent la formation comparent ce jeu à celui d'un joueur de guitare. À partir du moment que le contrevenant bouge, on doit récupérer ses mouvements pour faire diverses clés. Le meilleur moyen de parvenir à maîtriser ces points est de jouer avec cela. Il faut s'exercer le plus souvent possible avec diverses personnes afin que nos doigts apprennent à sentir ces zones sensibles.

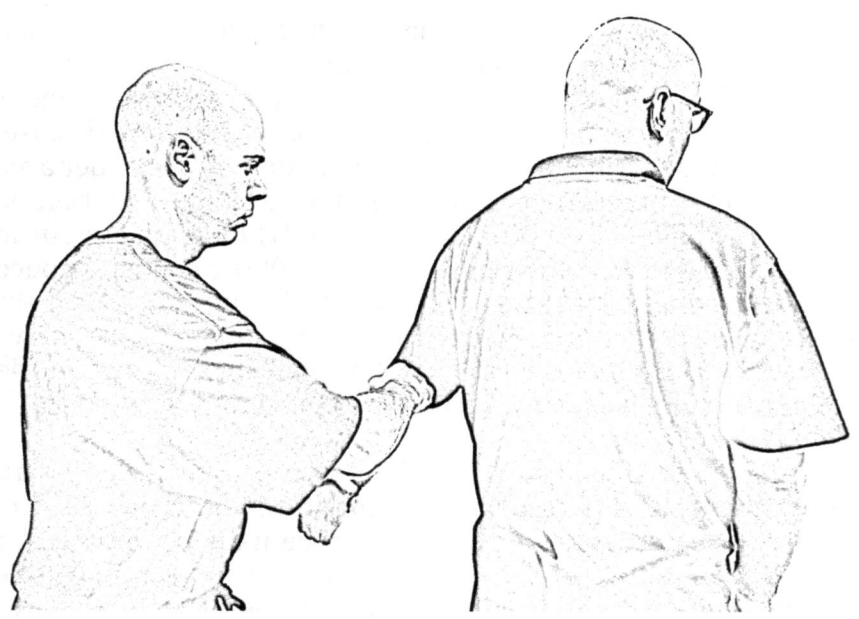

Si le contrevenant envoie ses bras vers l'avant, on peut donner un coup des jointures à l'arrière de son coude à la base des triceps. Cette technique permet de créer une légère dysfonction motrice durant un court laps de temps. L'agent peut ensuite s'éloigner un peu à l'extérieur et donner un coup sur le nerf radial du contrevenant ou sur son nerf sciatique externe. Souvent, au moment de l'impact derrière le coude, la personne escortée ainsi pliera les genoux, nous ouvrant ainsi la porte à des contrôles articulaires.

Exemples de commandements verbaux:
- Cessez de vous débattre, immédiatement.
- Suivez-moi, sans résister, tout de suite.

## Utilisation des points de la tête

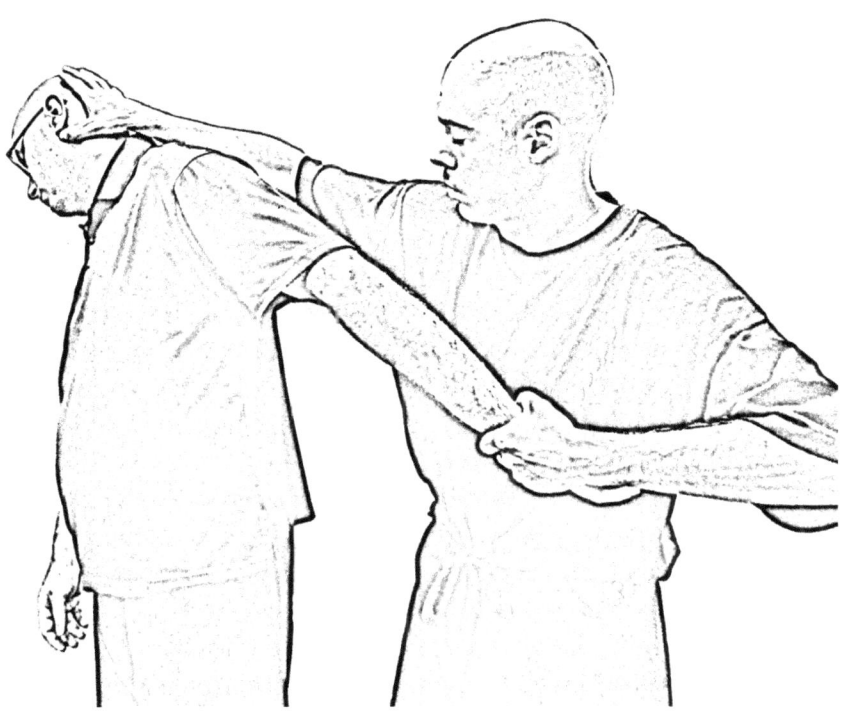

Au moment où le contrevenant se débat, on vient pousser notre pouce au point de jonction de la mandibule. Cette procédure aura pour effet de faire allonger le bras que l'on tente de maîtriser et de le rendre ainsi vulnérable à une contre-pression derrière son coude pour l'amener au sol. On doit garder la main ouverte afin de ne pas donner l'impression que l'on donne un coup de poing. Ce n'est pas une technique de frappe, on doit déposer nos doigts sur la tête du contrevenant avant d'effectuer la pression. Cette procédure fonctionne grâce à un contrôle par la douleur en plus d'offrir une technique de distraction.

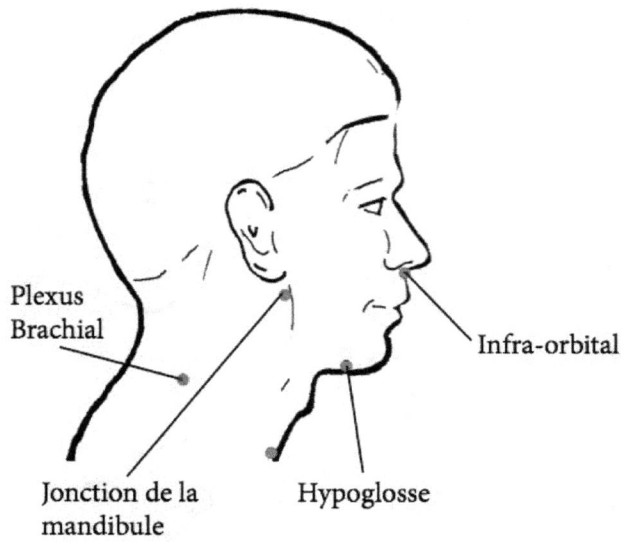

On peut également utiliser la même procédure, mais en appuyant au point de l'hypoglosse. On doit maintenir le poignet du contrevenant en tout temps, il ne faut pas qu'il nous échappe. Le but de ce type point est d'obliger le contrevenant à étendre son bras afin que l'on puisse également faire une contre-pression derrière son coude.

Pour ce qui est de l'infraorbital, la technique est légèrement différente. Au moment où le contrevenant résiste à l'escorte, on positionne un doigt sous le nez du contrevenant et on l'oblige à s'arquer sur ses lombaires. On lui fait perdre légèrement l'équilibre vers l'arrière, puis on le ramène brusquement vers l'avant en l'obligeant à aller au sol. Pour l'amener au sol, on utilise notre avant-bras en appuyant derrière le coude. Comme le corps du contrevenant est en mouvement, il faut prendre garde de ne pas frapper contre le coude.

De chaque côté du cou se trouve un plexus brachial. Trois nerfs passent à cet endroit. Pour atteindre cette zone, on passe notre main derrière la nuque du contrevenant et on dépose le bout des doigts sur le côté du cou du contrevenant. Cette manœuvre ne se fait pas avec les ongles, mais seulement avec le bout des doigts. C'est suffisant pour contrôler l'équilibre des individus même les plus costauds. Il faut s'assurer que la main soit sur le côté du cou et non sur l'épaule du contrevenant.

On se contente de tirer vers l'arrière en gardant un contact ferme avec cette zone. Notre corps demeure en contact avec son bras. Une fois le mouvement de recul obtenu, on peut faire une contre-pression sur le coude pour le ramener rapidement vers l'avant. On enchaînera ensuite avec une technique de contrôle articulaire.

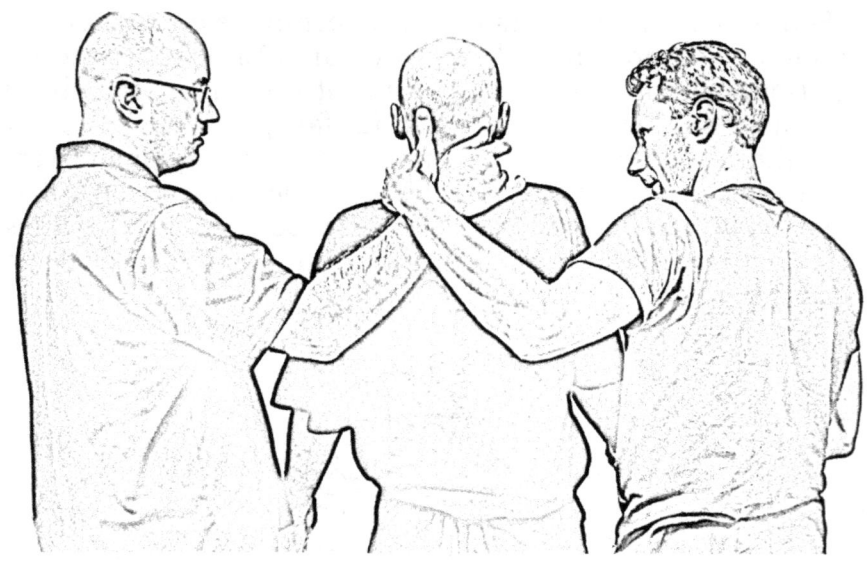

Si l'escorte se fait à deux agents, au moment où le contrevenant tente de se libérer de l'emprise de l'escorte, on passe les mains derrière la tête du contrevenant et l'on vient déposer nos mains de chaque côté de son cou et l'on tire simplement vers l'arrière. Il y a de fortes chances que la personne penche vers l'arrière. On peut le contrôler au sol sur le dos ou le ramener rapidement vers l'avant pour le coucher sur le ventre. On peut également en profiter pour piler sur ses pieds, ce qui restreindra énormément sa capacité à résister. Cette procédure n'est aucunement douloureuse. Elle utilise les principes de déséquilibre.

## Utilisation des points des jambes

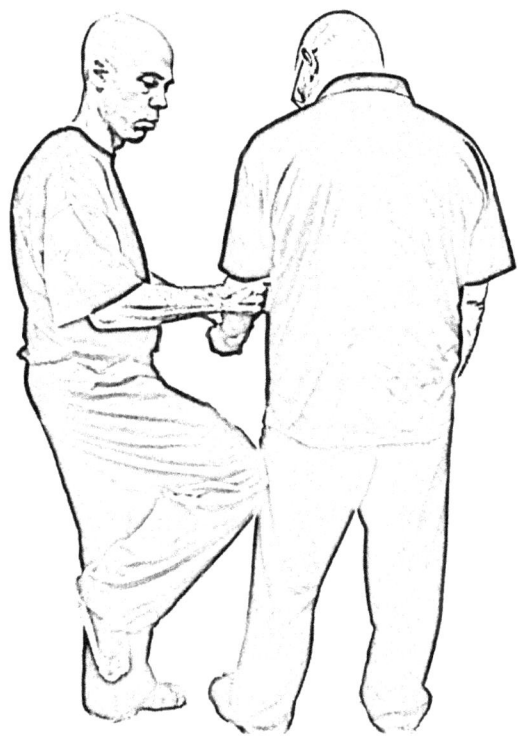

À partir du moment que le contrevenant se montre agressif, on lui donne un coup de genou sur le nerf sciatique externe. Le but est de créer une dysfonction motrice sur cette jambe. Lorsque l'on sentira le relâchement de la jambe, on contrôlera le bras du contrevenant par une saisie au poignet et une contre-pression derrière le coude. Il ne faut pas se laisser entraîner dans une perte d'équilibre si le contrevenant tente de s'accrocher à nous en tombant au sol. En tout temps, on doit garder le contrôle de son bras.

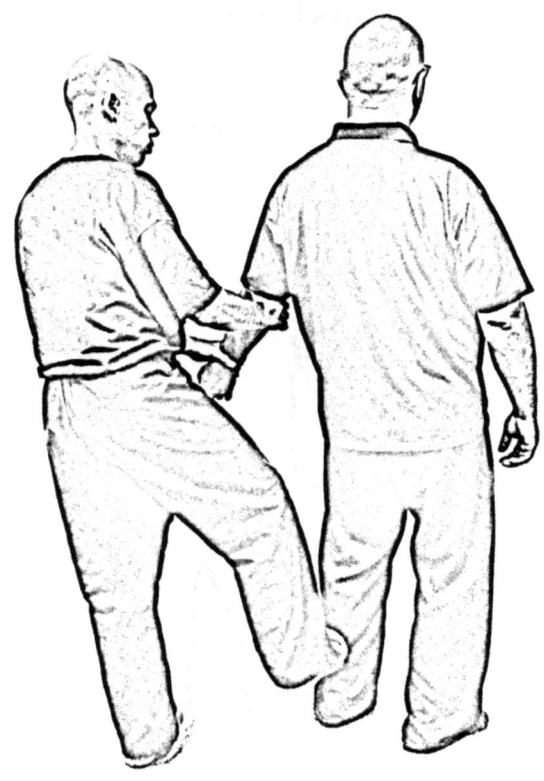

On peut également donner un coup de pied à la base du mollet pour redistribuer le poids du corps du contrevenant. Bien que légèrement douloureux, ce point utilise surtout les principes de distractions.

Exemples de commandements verbaux:
- Monsieur, cessez d'être agressif, tout de suite.
- Suivez-moi, cessez de m'attaquer.

## Utilisation de point de pression au corps

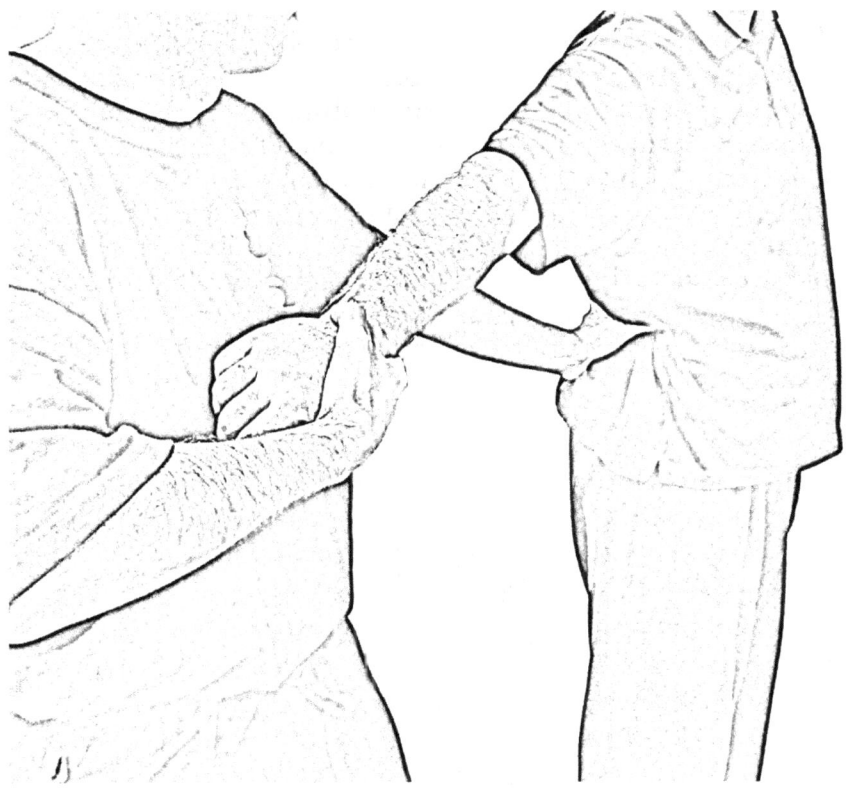

Lorsque le contrevenant commence à vouloir plier son bras pour s'évader, on place notre main en forme de C et on appuie sur ses côtes flottantes pour l'obliger à tendre le bras. De notre pouce, on exerce une pression vers le bas. Cette procédure amènera le contrevenant à tasser ses hanches pour éviter la pression. Il est facile de reprendre le contrôle du bras par la suite.

## Reprise de contrôle à plusieurs agents

À partir d'une position d'escorte, si un collègue nous accompagne, il peut délaisser le bras du contrevenant et passer devant lui pour aller le saisir aux points de la jonction de la mâchoire. Attention, cette procédure est à risque si elle prend trop de temps à être effectuée. Au moment où notre coéquipier tente d'aller vers l'avant, il est important de tirer légèrement le contrevenant vers nous tout en accentuant une bonne contre-pression derrière son coude. Cette procédure a pour effet d'amener le contrevenant à se tourner vers nous laissant davantage de temps à notre collègue pour effectuer sa prise de contrôle.

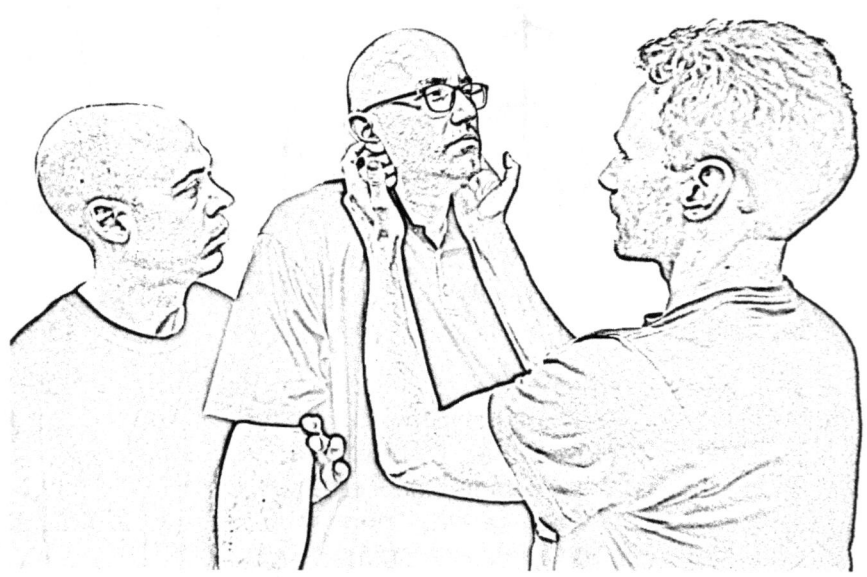

Le second agent doit immédiatement placer ses index ou ses majeurs de chaque côté à l'angle de la mandibule. Puis il doit tirer vers l'avant et vers le bas pour empêcher le contrevenant de le frapper. Dès que la tête a commencé à bouger vers l'avant, il devient difficile pour lui de frapper. Dès que le contrevenant s'incline vers l'avant, l'agent qui tient le bras met davantage de pression derrière son coude pour accentuer sa descente au sol. Une fois le contact établi, l'agent qui applique les points de pressions étirera ses bras afin de rester le plus loin possible du contrevenant.

Si vous travaillez à trois agents, les deux qui tiennent les bras pourront piler sur les pieds du contrevenant afin de réduire ses mouvements. Il faut prendre soin de le contrôler afin qu'il ne se blesse pas la figure en arrivant au sol.

Exemples de commandements verbaux:
- Restez tranquille, cessez de résister.
- Au sol, au sol, tout de suite.

# Bloc no 10: Contrôle au sol par les jambes

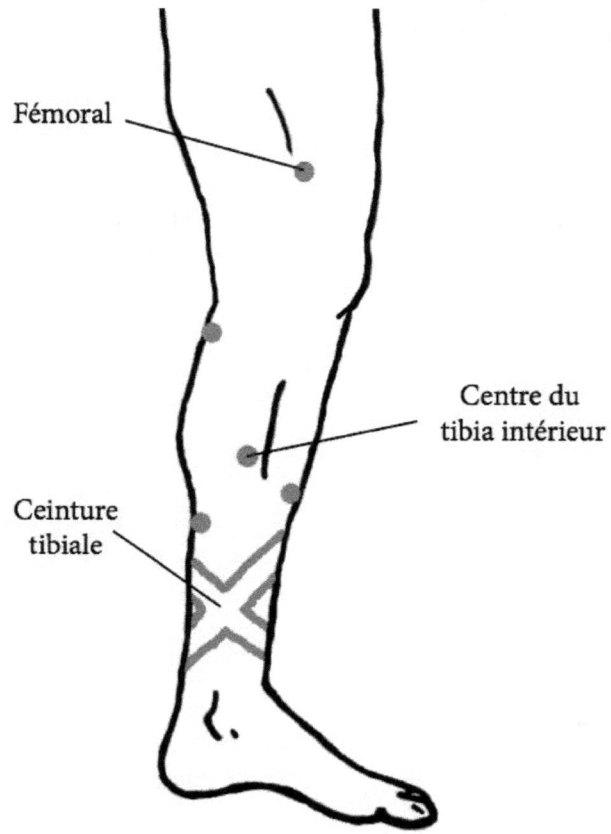

Le point qui suit demande un minimum d'entraînement pour l'utiliser. Ici, la zone visée est la plus grande que nous pouvons utiliser dans le contrôle par point de pression. C'est une zone extrêmement sensible chez la plupart des gens. Pour y arriver, on doit utiliser notre tibia. Pour être efficace, on doit bouger notre tibia en réaction aux tentatives de mouvement du contrevenant. Vous remarquerez que cette zone a la forme d'un X. On doit presser notre tibia et le bouger en se promenant d'une branche du X à l'autre. Ce même X est présent tant à l'extérieur de la jambe qu'à l'intérieur.

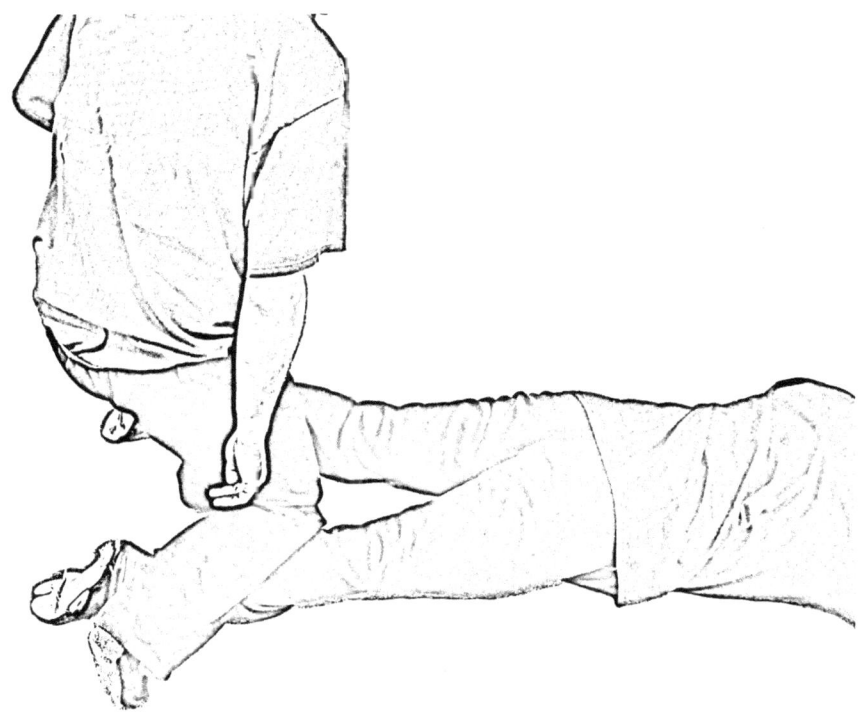

Lorsqu'on applique ce type de pression, il est important de maintenir le dos droit et de garder nos bras devant afin d'être prêt à bloquer un possible coup de pied. Dans la plupart des tentatives de prise de contrôle d'un individu qui se débat, les agents tentent d'aller capturer les jambes du contrevenant avec leurs mains. Cette procédure comporte un haut risque de recevoir un coup de pied à la figure et que l'agent soit blessé. En déposant simplement son genou à la ceinture tibiale du contrevenant, l'agent limite grandement ses mouvements et dans un grand nombre de cas, arrive à le contrôler par la douleur. Il faut bouger et changer notre angle de pression dès que le contrevenant semble apprivoiser la douleur. En ne pouvant s'adapter, il aura tendance à utiliser la seule porte de sortie qui lui reste, soit vos commandements verbaux. On ne doit pas oublier l'importance de donner des ordres précis sur ce qu'on attend de lui. Sans les commandements verbaux, le contrevenant peut devenir totalement incontrôlable.

**Mise en garde : il ne faut pas faire de pression sur la cheville ou le genou du contrevenant afin d'éviter des blessures.**

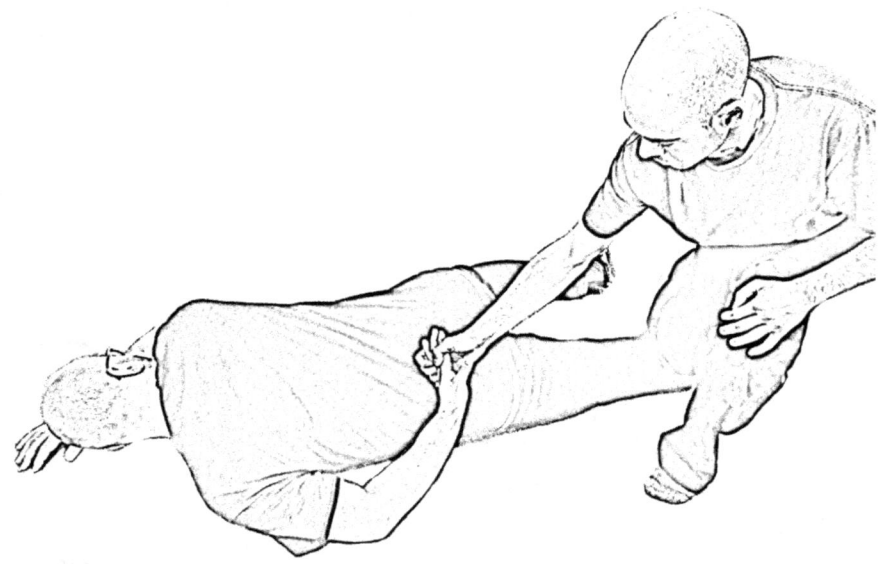

Dans cette mise en situation, le contrevenant est couché sur le ventre. On lui demandera de mettre ses mains dans le dos afin que l'on puisse en saisir une. Dès que l'on saisit l'une de ses mains, on placera le petit doigt par-dessus ses autres doigts pour le contrôler efficacement et on se déplacera pour être confortable afin de procéder à la mise des menottes. Il ne faut jamais perdre le contrôle de la main en se déplaçant. À partir du moment où l'on décide de délaisser la jambe pour monter vers le dos du contrevenant, il faut s'assurer que notre emprise sur sa main soit sécuritaire. On gardera son poignet plié à contresens. Cette tension facilite le travail pour le garder allongé sur le ventre.

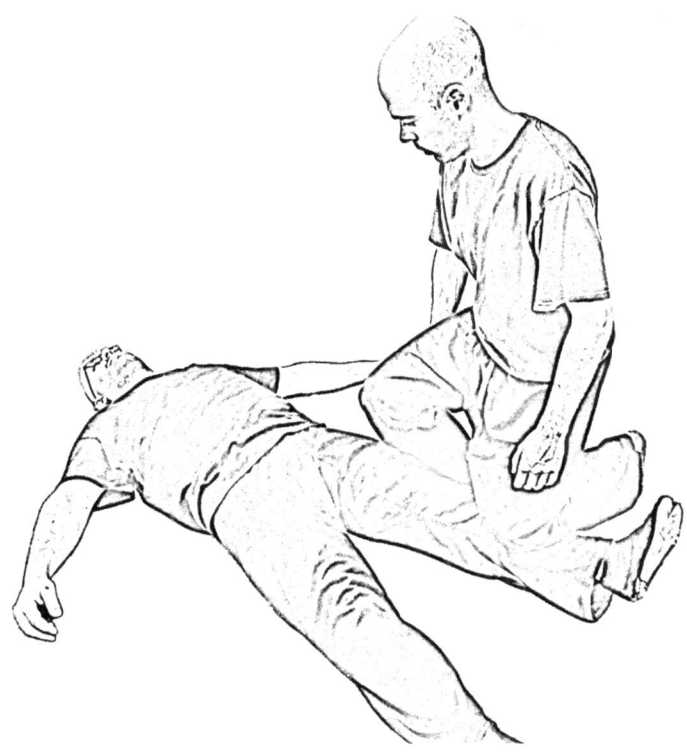

L'avantage de la ceinture tibial c'est qu'elle est accessible autant sur le ventre que sur le dos. Le contrevenant tombe sur le dos alors que l'agent est à la hauteur de ses jambes, loin des bras. Ici aussi, on ira rapidement déposer un tibia sur la zone de la ceinture tibiale. Il faut noter cependant que les risques de recevoir un coup de pied sont beaucoup plus élevés. Il faut garder le dos droit et s'apprêter à bloquer l'attaque si nécessaire. Si l'agent est seul, il doit demander la main ou tenter de la prendre lui-même et contrôler l'individu de la même façon que précédemment. Il doit prendre le contrôle du corps du contrevenant par le système de levier de son bras. Ici aussi, le secret du contrôle par la main réside dans la façon de coincer le petit doigt de la main par-dessus les autres doigts. S'il y a plusieurs agents, on se contentera de maintenir le contrevenant cloué au sol.

Exemples de commandements verbaux:
- Restez tranquille et donnez-moi votre main.
- Votre main, je veux votre main, tout de suite.

## Le centre du tibia intérieur

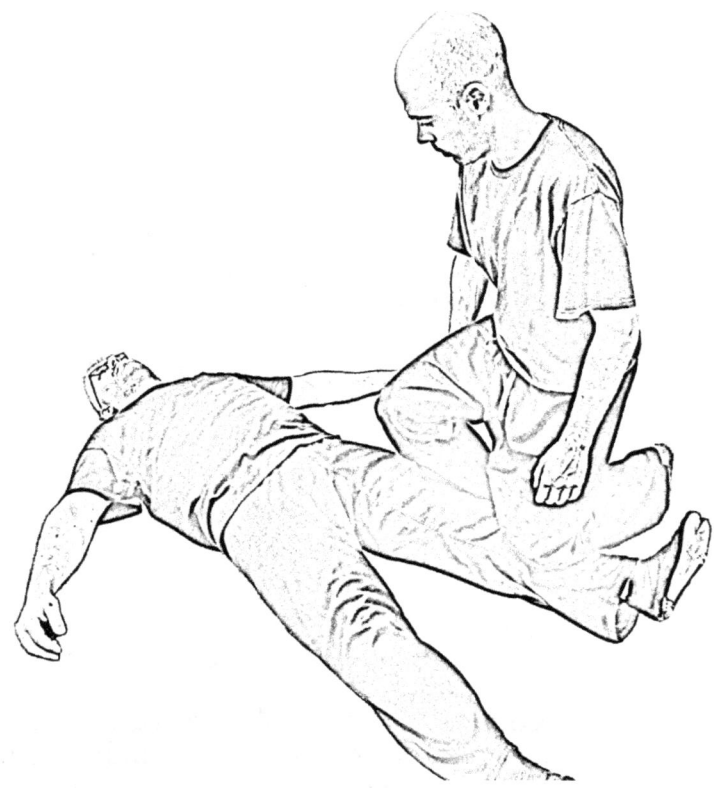

Légèrement au-dessus de la ceinture tibiale, il y a un point qui est très sensible. Si l'on ne peut se positionner sur la ceinture tibiale, on peut aller déposer notre genou ou notre tibia dans le point qui se nomme centre du tibia intérieur. Il faut s'attendre à une réaction immédiate du contrevenant et s'apprêter à bloquer un coup de pied. Cependant, dans un grand nombre de cas, le contrevenant se repliera sur lui-même comme pour se protéger. On lui ordonnera de donner sa main pour procéder à un contrôle. En donnant nos ordres, on peut bouger légèrement la jambe pour faire comprendre au contrevenant qu'il doit obtempérer pour que la douleur cesse. On ne frappe pas sur cette zone. On dépose le genou ou le tibia et ensuite on transfère le poids du corps sur le point visé. Cette zone est assez large et ne demande pas une grande précision.

Naturellement, si l'agent a accès au nerf fémoral du contrevenant, c'est l'un des points les plus sensibles du corps. Un coup de genou rapide et puissant à ce nerf fait en sorte que la personne soit sans défense durant un court laps de temps. Il faut que l'agent soit entraîné à pouvoir prendre le contrôle rapidement.

**Sciatique externe**

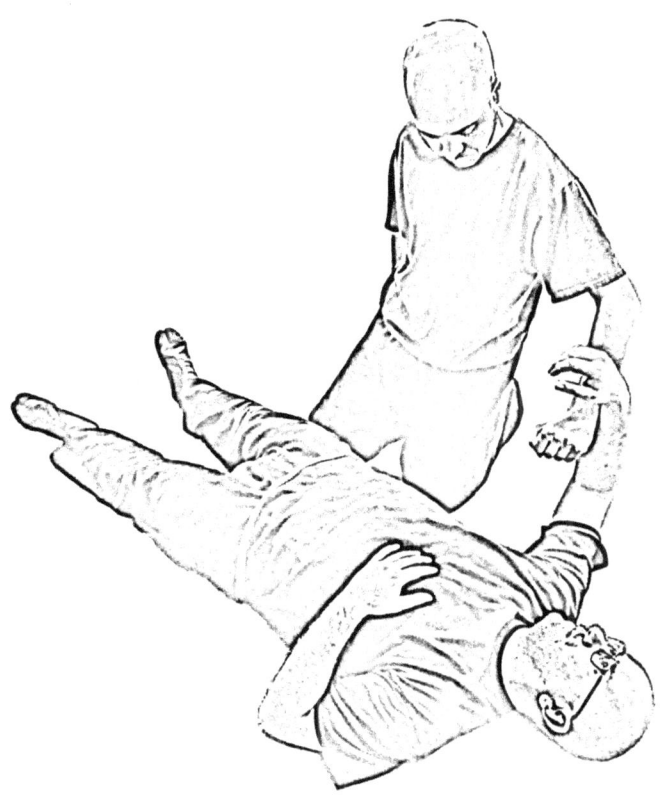

Que le contrevenant tombe sur le dos ou sur le ventre et que l'agent soit positionné sur le côté, le nerf sciatique externe offre une cible de choix. Lorsqu'une personne est allongée sur le dos et que l'on donne un coup de genou au nerf sciatique, l'effet est beaucoup plus prononcé que si elle était debout. Dans la plupart des cas, l'agent dispose de deux ou trois secondes pour enchaîner rapidement avec un contrôle articulaire. Il est important de laisser mourir le coup en gardant notre genou contre la cuisse du contrevenant durant un bref instant. Si ce n'est déjà fait, on doit prendre le contrôle d'un des bras le plus rapidement possible.

# Bloc no 11: Défendre une tierce personne, accès arrière

Le système DAPP offre un volet permettant d'assister une tierce personne dans une situation de saisie. Diverses techniques s'offrent à l'agent pour arriver à faire relâcher l'emprise qu'a le contrevenant sur sa victime et réussir à le contrôler. Comme plusieurs techniques s'offrent à nous, l'agent a le choix de travailler les techniques avec lesquelles il se sent le plus à l'aise.

Dans ce type de situation, l'agent intervient s'il n'y a aucune autre solution pour gérer le problème. Si l'intégrité de la personne à qui il porte assistance est en danger, il est justifié d'utilisé la force nécessaire pour mettre fin à l'altercation. Dans ce type d'intervention, une fois que la décision est prise d'intervenir pour aider une autre personne, il faut aller jusqu'au bout. Se désengager risquerait de compromettre l'intégrité physique de la personne agressée.

**Sciatique externe**

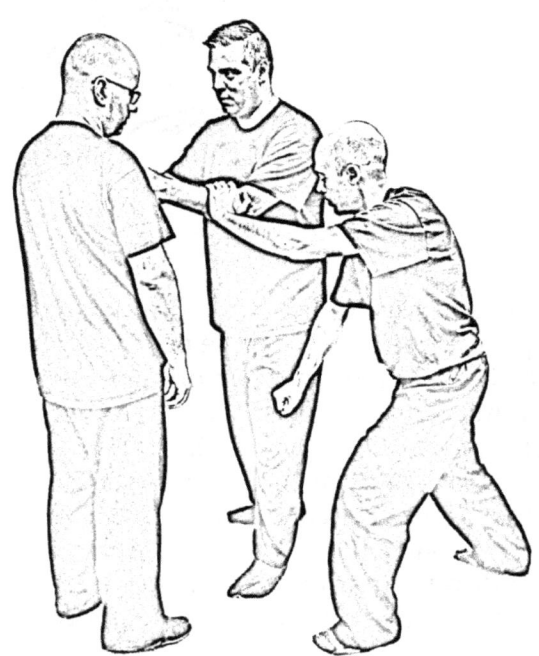

Peu importe le type d'approche que l'on tente, il faut s'assurer que le contrevenant ne puisse nous frapper d'une quelconque façon. Avant d'appliquer notre coup au nerf sciatique externe, on sécurisera le bras du contrevenant en déposant une main sur son épaule ou sur son bras. Ici, on peut donner un coup de genou ou utiliser un coup de poing marteau pour créer la dysfonction motrice. Peu importe la technique que l'on utilisera, il est important de gérer le bras du contrevenant pour éviter de recevoir un coup de coude au visage. Par rapport au coup de poing, le coup de genou peut passer plus aisément inaperçu. L'un comme l'autre sont efficaces sur la plupart des gens.

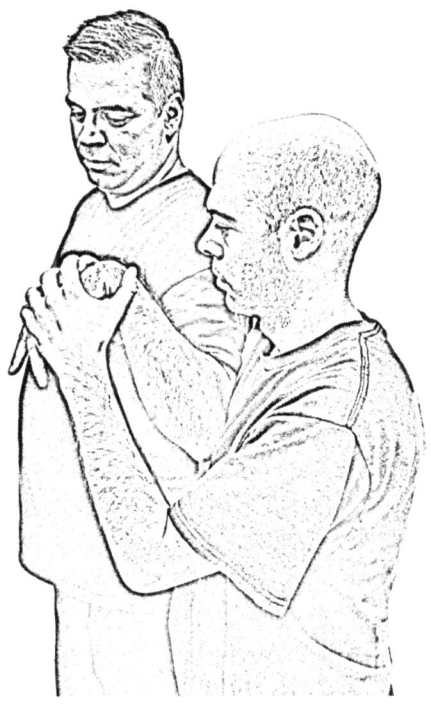

À partir du moment que le contrevenant montre un relâchement musculaire, on peut effectuer une clé de poignet en bec de canne. La plupart des formations professionnelles en sécurité enseignent ce type de contrôle avec les diverses variations possibles si le contrevenant est trop flexible ou ne ressent pas cette douleur. Une fois que le contrevenant a reçu la percussion sur sa cuisse, on passera notre bras qui est près de son corps sous son aisselle pour venir faire plier son poignet en se servant de nos deux mains. On prendra soin de ne pas tourner sa main de côté, de la diriger vers l'avant. Si le contrevenant tente de nous frapper, on se reculera légèrement derrière son épaule en accentuant la pression sur sa main. Naturellement, tout ça doit être jumelé à des commandements verbaux.

Si pour une raison de sécurité vous désirez menotter le contrevenant tout de suite afin de l'évacuer le plus rapidement possible, cela peut se faire à partir de cette position. Il est possible de le menotter debout plutôt que de l'amener au sol. Pour avoir accès à ses menottes, l'agent doit pouvoir contrôler le contrevenant à une main. On utilise la main qui est entre l'agent et le contrevenant pour la passer par-dessus la main que l'on tente de contrôler et l'on va placer le bout des doigts dans la paume de la main du contrevenant. Cela crée un angle qui rend la clé plus douloureuse. En agissant ainsi, on crée une légère torsion de la main vers l'intérieur. Durant sa formation de base, l'agent a appris à mettre la pression nécessaire sans risquer de blesser le contrevenant. On ne doit pas appliquer cette technique sans avoir reçu la formation sous la supervision d'un instructeur compétent. Une fois le contrevenant contrôlé par cette clé, l'agent peut passer à une première mise des menottes sur la main qui est immobilisée. On peut ensuite procéder à la mise de menotte de l'autre main en utilisant un contrôle par la douleur grâce à la menotte qui est déjà passée.

**Mise en garde : Cette clé peut créer d'énormes douleurs et peut dans certains cas endommager le poignet si elle est exécutée avec trop de puissance. Les commandements verbaux doivent être utilisés de manière claire et précise.**

Exemples de commandements verbaux:
- Cessez de résister, tout de suite.
- Cessez cette agression, immédiatement.

## Plexus brachiaux latéraux

Faites un petit test simple. Demandez à votre partenaire de se placer devant vous et mettez vos mains sur ses épaules pour l'empêcher d'avancer. Vous remarquerez que cela vous demandera une grande force physique et que, dans la plupart des cas, vous ne pourrez l'empêcher de progresser. Refaites le même exercice en plaçant vos mains de chaque côté de son cou pour le retenir. Avec un peu d'effort, vous serez probablement capable de le tirer vers vous.

On peut utiliser ce principe pour contrôler rapidement une personne qui en a saisi une autre au collet. L'agent dépose sa main sur le plexus brachial sur le côté opposé du cou du contrevenant et le tire. Cette manœuvre déséquilibre le contrevenant dans la plupart des cas. On récupère ensuite son bras pour l'étirer et faire une pression de notre avant-bras derrière son coude pour l'amener au sol. Au besoin, on peut mettre notre pied dans le creux de son genou pour restreindre ses mouvements. L'agent exécute ensuite un contrôle articulaire. Cette procédure n'est pas douloureuse, elle utilise les techniques de déséquilibre pour arriver à séparer le contrevenant de sa victime.

## Séparer deux personnes

Cette procédure s'utilise bien pour séparer deux personnes qui s'agrippent à la façon des joueurs de hockey. On place une main sur le côté du cou de chacun des antagonistes et on tire en ramenant nos mains près de nos épaules. Si l'on décide d'intervenir, il se peut que l'on se retrouve à devoir se défendre contre deux personnes. Une bonne analyse de la situation est nécessaire avant de décider de séparer les deux belligérants. Dès qu'ils se sont relâchés, il faut prendre verbalement le contrôle de la situation avant que cela ne dégénère à nouveau.

L'agent doit pouvoir s'assurer de désengager rapidement de sa position si les deux individus décident de s'en prendre à lui.

## Infraorbital, jonction de la mandibule et hypoglosse

On peut exécuter un contrôle arrière en utilisant l'infraorbital, l'hypoglosse ou la jonction de la mandibule. Dans la plupart des cas on interviendra en arrivant par l'arrière de façon à surprendre le contrevenant. Cette procédure est justifiée dans le continuum de force par la nécessité d'aider une personne en difficulté. Il est important de bien appliquer une contre-pression de l'autre main lorsque l'on utilise ces points spécifiques. Une fois le point appliqué, on tire le contrevenant vers l'arrière et on tente de le détourner de sa cible. On tentera de lui faire perdre le contact visuel avec l'autre personne dans le but de diminuer son agressivité. Naturellement, lorsque l'on sépare deux personnes, il faut s'assurer que l'autre individu n'en profitera pas pour frapper le contrevenant.

Dans une telle situation, le contrevenant peut paniquer s'il ne sait pas ce qui se passe. Vous devez dicter vos commandements verbaux de manière forte et précise afin qu'il soit bien conscient de ce qui se passe.

> Exemples de commandements verbaux:
> - Arrêtez d'agresser cette personne immédiatement.
> - Suivez-moi, tout de suite.

# Bloc no 12 : Défendre une tierce personne, accès latéral

### Clé de poignet en bec de canne avec frappe au nerf radial

Un de vos collègues est saisi au collet par un individu agressif. Vous vous trouvez juste à côté d'eux sans disposer de l'effet de surprise d'arriver par l'arrière. Plusieurs techniques s'offrent à vous.

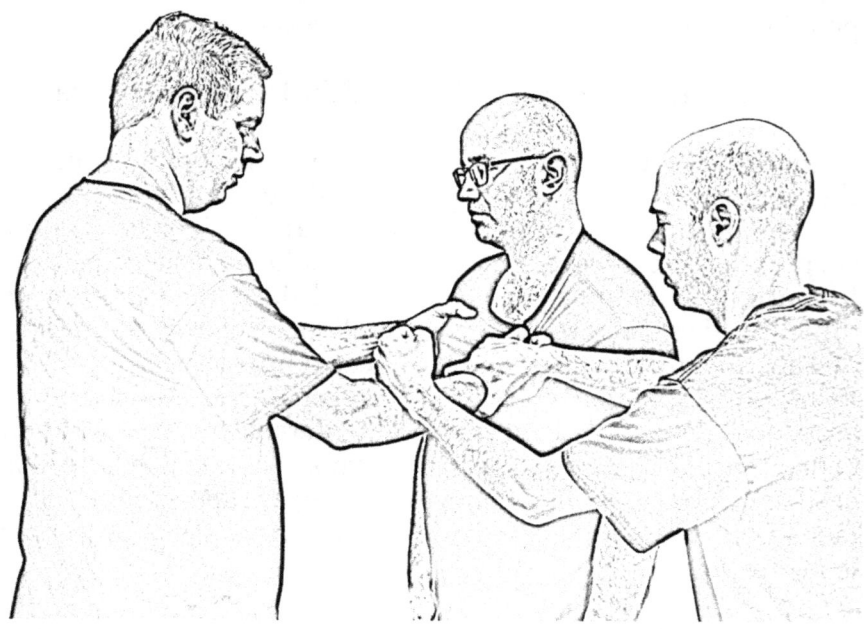

Dans cette première situation, il est important d'aller déposer votre main sur le poignet de l'agresseur en vous assurant de positionner votre pouce juste dans le pli du poignet. De votre autre poing, vous exécutez une percussion au nerf radial à l'aide d'un coup de poing marteau. Comme on vous l'a enseigné sur le cours de base, au moment de l'impact vous devez plier vos genoux pour avoir le maximum d'efficacité.

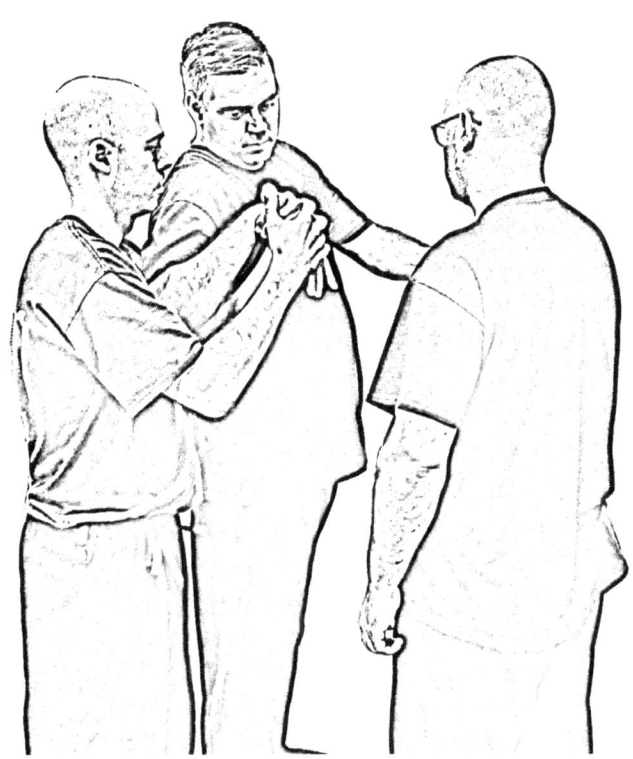

    Une fois que le contrevenant a relâché sa tension, on tire son bras par le poignet, on passe notre autre bras sous son aisselle et l'on ramène son bras pour former une clé sur le poignet. On prendra soin de faire tourner le contrevenant afin qu'il perde le visuel de sa victime tout en s'assurant que ce dernier ne profitera pas de la situation pour frapper le contrevenant. Il faut toujours être prêt à bouger derrière l'épaule du contrevenant pour contrer une tentative d'attaque de l'autre poing. S'il tente de résister, on augmentera la pression conjointement à des commandements verbaux appropriés.

## Contrôle du poignet et traction par U4

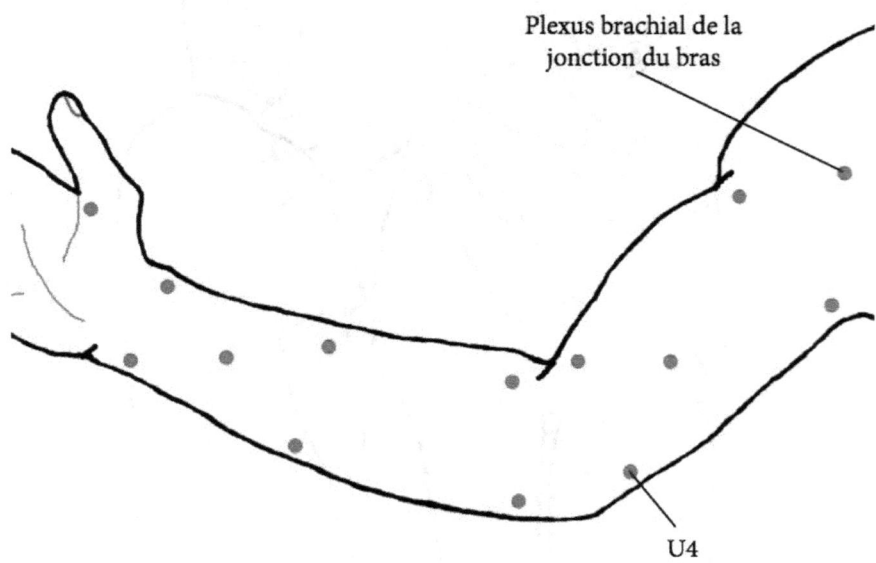

On peut, dans certains cas, réussir à faire lâcher l'agresseur en allant porter nos doigts dans la zone U4. On tire fortement en relevant le coude du contrevenant ce qui pourra le forcer à bouger et à vous donner son bras afin de pouvoir procéder à un contrôle articulaire.

## Contrôle du poignet et frappe au nerf sciatique externe

On refait le même scénario. De la même façon, on place notre main sur le poignet du contrevenant et l'on donne un coup de genou au nerf sciatique pour amener l'individu au sol. Prenez note que l'on peut combiner cette technique avec la précédente. On peut frapper le nerf sciatique externe avant de faire la clé de poignet.

## Contrôle du poignet et traction par le plexus brachial du cou

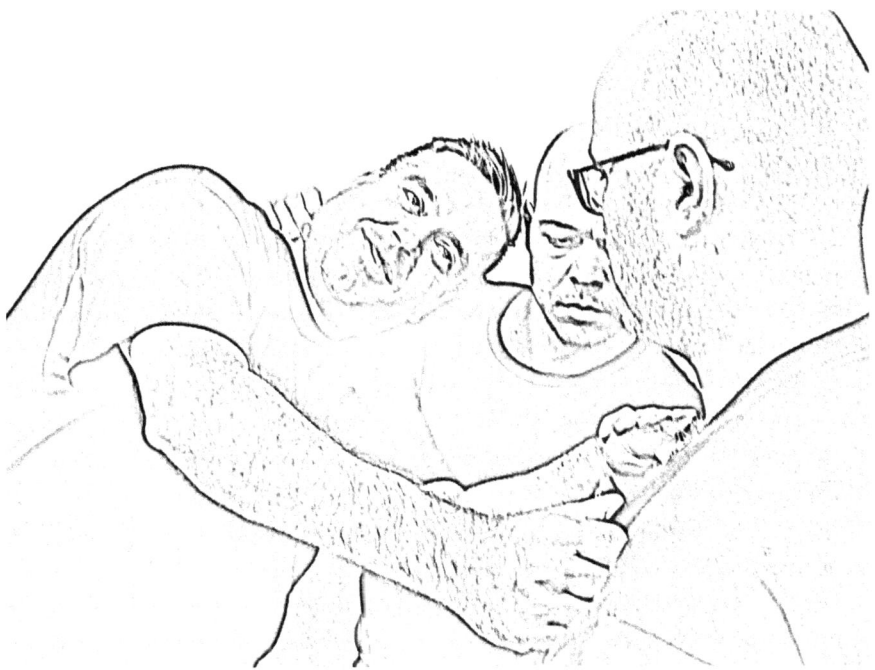

Comme pour l'accès arrière, on peut utiliser un des plexus brachiaux du cou pour déstabiliser le contrevenant. On saisit le poignet du contrevenant d'une main, tout en prenant bien soin de placer notre pouce dans le creux du pli du poignet et on place l'autre main sur l'autre côté du cou de la personne à contrôler. Puis, on tire afin de créer un déséquilibre. Si la personne résiste, on peut jumeler un coup de genou au nerf sciatique externe poplité.

Exemples de commandements verbaux:
- Lâchez cet homme, immédiatement.
- Cessez de résister, suivez-moi, tout de suite.

# Bloc no 13 : Attaque de rue

### Position défensive avec cible offerte

Le système DAPP permet d'utiliser les points de pression contre une attaque de rue. Lorsque l'agent n'a pas le temps d'avoir accès à ses armes, il est parfois préférable de les laisser de côté plutôt que d'essayer de les prendre alors que les coups pleuvent sur lui. Naturellement, pour ce type de cas extrême, on utilisera des techniques de percussion. Dans les techniques qui vont suivre, la distance est le secret de la réussite de ces défenses.

D'un point de vue stratégique, la pire position qu'un agent peut adopter contre un contrevenant qui cherche la confrontation aux poings, est de prendre la position du boxeur. Cette posture a deux aspects négatifs. Dans un premier temps pour les spectateurs présents, cela démontre une attitude agressive qui ne passe pas par le dialogue, mais par la force brute. En second lieu, le fait d'avoir les poings fermés augmente l'agressivité et la tension entre l'agent et le contrevenant. De plus, si l'agent n'a jamais fait de boxe ou d'arts martiaux utilisant ce type de positionnement, sa tentative de défense sera probablement vouée à l'échec devant un combattant d'expérience. La position que nous adopterons est une position défensive empruntée aux arts martiaux japonais traditionnels qui est probablement l'une des stratégies les plus efficaces pour se défendre contre un attaquant aux poings. Il faut comprendre que chaque attaque laisse une ouverture. Le positionnement est important. Si l'on n'est pas armé, on placera notre côté fort devant. Si l'on possède une arme, on la gardera derrière à moins d'avoir un étui sécurisé à double et triple rétention avec lequel le contrevenant ne pourra prendre l'arme en étant face à l'agent. On doit toujours demeurer à une distance suffisante pour être hors de portée des poings de l'attaquant.

La main ouverte positionnée en hauteur est naturellement placée pour frapper tout ce qui se dirige vers le visage ou le corps de l'agent. L'autre main est placée à la hauteur du bas ventre de façon à arrêter un coup de pied que l'on n'aurait pas vu venir. Le fait de prendre cette posture amène l'agresseur à attaquer dans une zone bien déterminée. L'adversaire devient prévisible.

On doit pouvoir reculer à chacune des attaques d'un poing ou d'un coup de pied que donnera le contrevenant. Comme il est plus rapide d'avancer en ligne droite que de reculer en ligne droite, au moment où l'attaque arrive, on recule en cercle du côté de la jambe arrière. Au moment où le pied se dépose, on donne un coup de poing marteau sur le bras de l'agresseur. On frappe avec tout le poids du corps. Mais cela prend généralement trois ou quatre impacts pour que l'attaquant dépose les armes. Pour avoir notre maximum d'impact, on doit plier les genoux lorsqu'on établit le contact sur le bras du contrevenant. Même si l'on manque la zone du nerf radial, chaque impact sèmera probablement un doute chez le contrevenant concernant sa capacité à pouvoir vous atteindre. N'oubliez pas de rester hors de portée des bras de l'attaquant. Un boxeur est un spécialiste du combat à la distance d'un bras. Il ne faut pas aller sur son terrain. L'agent ne doit pas essayer de le frapper au corps, mais uniquement sur les bras de manière à demeurer hors de sa portée.

Lorsque le contrevenant attaquera de l'autre poing, notre bras se trouvera probablement vers le bas suite à la première percussion. Au moment où l'autre bras frappe, on relève le bras et avec tout le poids du corps on frappe au nerf médian, dans l'avant-bras de l'attaquant. Pour frapper, on utilise les jointures. On prendra bien soin de reculer en arc de cercle afin de demeurer hors de portée de l'attaquant. La procédure exacte vous a été enseignée sur le cours de base que vous avez suivi.

En reculant, notre bras fait un balayage à la manière d'un essuie-glace de voiture. On doit toujours s'assurer de demeurer hors de portée et surtout de ne jamais reculer en ligne droite. La personne qui m'a résisté le plus longtemps avec cette technique était un portier hyper costaud qui était habitué de recevoir des coups. Cela m'avait pris cinq frappes avant qu'il ne plie les genoux et que je le contrôle. Dès que le contrevenant descend les bras, on peut, si on juge la situation sécuritaire, aller exécuter un contrôle articulaire sur l'un de ses bras. Un coup de genou au nerf sciatique externe pourrait fortement aider à en prendre le contrôle. Dans ce type de situation, on fera prendre conscience au contrevenant de l'agression qu'il est en train de commettre.

> Exemples de commandements verbaux:
> - Monsieur, réalisez-vous que vous êtes en train de m'agresser.
> - Vous agressez un agent, baissez les bras, immédiatement.

### Attaque au bras du contrevenant, côté fort derrière

Il existe des techniques où l'on peut prendre le contrôle d'une personne qui adopte la position du boxeur. Ces techniques exigent la supervision d'un instructeur qualifié pour bien en comprendre les mécanismes. Les techniques décrites ici ne le sont qu'à titre d'aide-mémoire. Il est difficile de mettre tous les détails dans une procédure aussi complexe. Attention : Dans la plupart des cas, il est conseillé de battre en retraite et d'accéder à vos armes intermédiaires si vous en avez la possibilité.

L'assaillant prend la position du boxeur, l'agent se tient côté fort devant. Ici aussi, il faut faire confiance à la qualité de l'étui sécurisé de son arme de service. Sinon, on n'a qu'à inverser les techniques avec la suivante afin de garder son arme de service vers l'arrière.

    L'agent doit se tenir hors de portée des attaques du contrevenant. Si l'intervention verbale ne mène à rien et que la prise de contrôle du contrevenant devient nécessaire, on commencera la prise de contrôle par une percussion au bras avant du contrevenant. Dans cette situation, l'agent adopte le positionnement démontré sur la photo ci-dessus. Au lieu d'utiliser le coup de poing marteau, on peut tenter d'atteindre le nerf radial ou d'aller frapper avec les jointures sur le dessus de la main du contrevenant. Cette procédure est plus rapide et se base sur un principe d'arc réflexe où l'agresseur aura probablement tendance à retirer son bras vers lui pour le protéger. Ici, la position de départ est un peu différente. On part les mains ouvertes comme pour essayer de calmer l'agresseur. Sur le cours de base, nous avons vu de quelle façon ce positionnement pouvait affecter l'attaquant. Au moment de l'impact, on gardera l'autre main pour se protéger le visage. Encore une fois, il ne faut pas oublier de demeurer hors de la portée des poings du contrevenant.

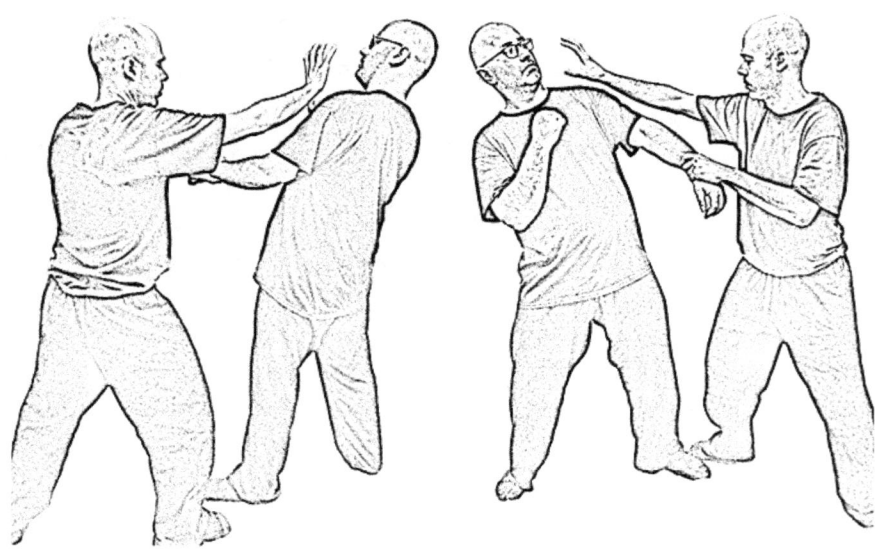

Cette percussion est une technique de distraction. Une fois l'impact obtenu, on saisit le poignet du contrevenant de l'autre main et l'on avance notre main avant en direction du visage de l'agresseur pour l'amener à changer son attitude d'offensive à défensive. Si les conditions le permettent, on déposera notre pied avant sur son pied afin de restreindre davantage ses mouvements. On tire légèrement sur le bras qu'on a agrippé afin que l'agresseur soit positionné légèrement de côté. Sur la photo, on peut voir le positionnement à utiliser. En amenant la main près des yeux du contrevenant, cela crée une technique de distraction associée à un arc réflexe pour protéger ses yeux.

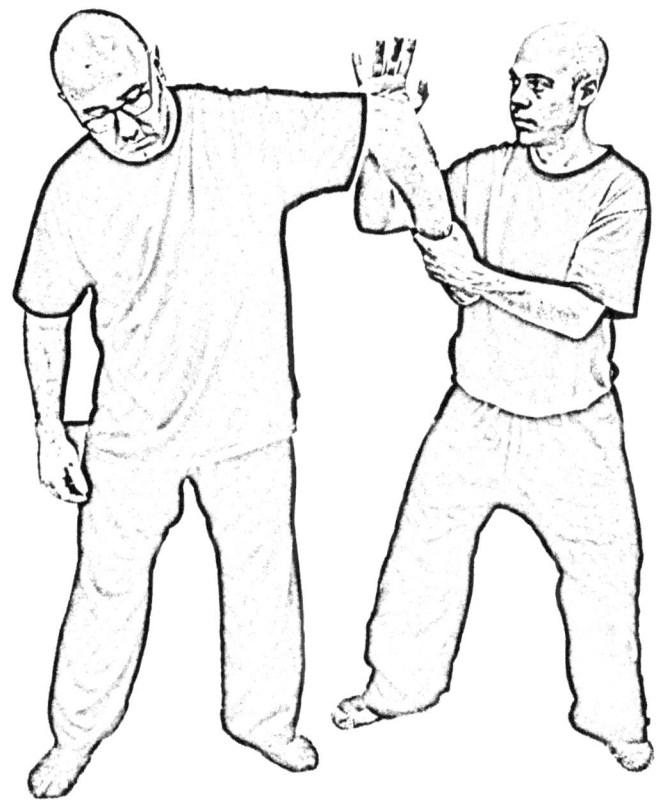

On positionne ensuite notre main droite sous le coude gauche du contrevenant, en poussant légèrement son bras contre lui et en soulevant son bras vers le haut. On tire ensuite rapidement le bras vers l'avant pour le déplier, puis on dépose notre avant-bras droit sur le nerf ulnaire du contrevenant pour l'amener à plein ventre. Il ne faut pas oublier que lorsque l'on fait ce type de clé, on utilise le tranchant de l'os de l'avant-bras et non la paume de la main comme on peut le voir souvent dans les arts martiaux. On ne frappe pas derrière le coude, on dépose et on exerce ensuite une pression suffisante pour amener le contrevenant au sol.

## Attaque au bras du contrevenant, côté fort devant

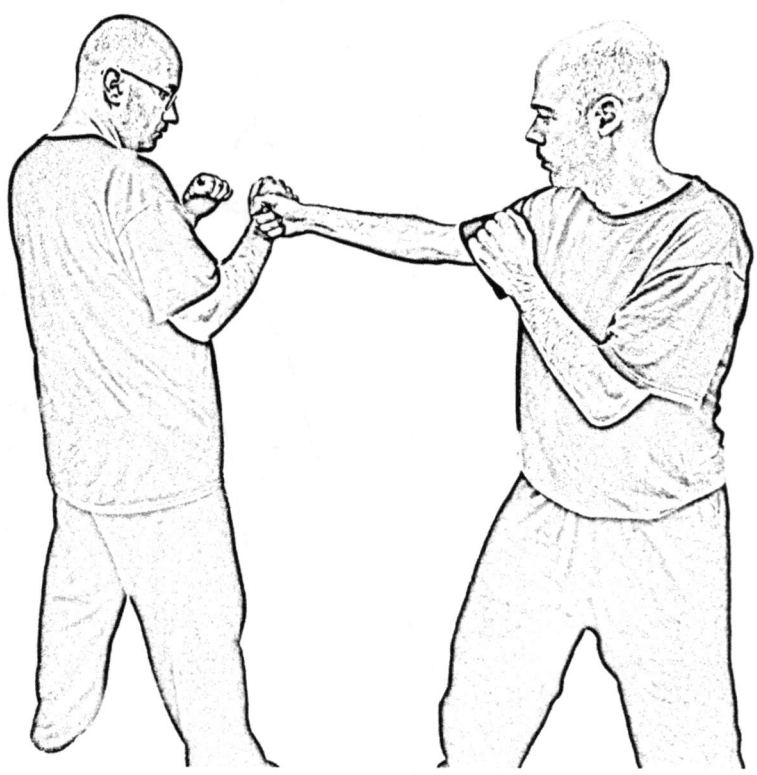

Dans cette situation, le contrevenant place son bras fort devant. Dans la majorité des situations, les agresseurs positionnent leur côté fort derrière tels que préconiser par la plupart des styles d'arts martiaux. Or ici, notre agresseur est peut-être gaucher où il possède d'autres styles de techniques. L'agent adopte le même positionnement que précédemment. Tout en discutant pour détourner l'attention du contrevenant au maximum, il ira donner un coup des jointures sur le dessus du poing avant de son opposant. On utilise l'arc réflexe pour créer une technique de distraction. Ici aussi, il faut se tenir hors de portée des poings du contrevenant.

L'agent saisit immédiatement la main du contrevenant tout en faisant un pas afin de pouvoir piler sur son pied. En même temps, on peut faire semblant d'apporter notre main au visage de l'agresseur pour l'amener à tomber en mode défensif. Une fois cette technique de distraction faite, on dépose notre main sous son coude. Puis on contrôle ses mouvements en soulevant son coude vers le haut pour ensuite l'amener au sol. On pilera sur son pied afin de limiter au maximum ses mouvements. Cette technique est un peu plus difficile, la supervision d'un bon instructeur est nécessaire pour permettre à l'étudiant de bien réussir cette manœuvre difficile.

# Bloc no 14 : Position parlementaire

### Position de face

Au lieu d'adopter une position standard, où le pied gauche de l'agent sera vis-à-vis le pied gauche du contrevenant, on demeurera face à ce dernier. Dans un positionnement standard, il n'est pas naturel pour le contrevenant de discuter dans une telle position. Il a tendance à bouger et vouloir s'approcher de l'agent qui doit continuellement lui dire de demeurer où il est. Il est normal que le contrevenant tente de prendre une posture qui soit naturelle lors d'une conversation, cela se fait inconsciemment. Bien sûr, avec une distance appropriée la position standard est plus sécuritaire, mais elle suscite une réaction plus agressive chez le contrevenant. Cela fonctionne bien avec des gens qui manquent de confiance et qui craignent l'autorité. Or, pour celui qui possède un tempérament plus agressif, cette position peut devenir le déclencheur.

Les postures qui vont suivre sont basées sur l'émotion de la peur. Lorsque l'on craint quelque chose ou qu'une attaque ait lieu, il est naturel de reculer pour éviter l'agression. Ce réflexe est basé sur l'instinct dicté par la peur de ce que l'on ne contrôle pas. Si quelque chose vous fait peur, vous ne courrez pas au-devant du danger, vous allez reculer le temps de faire une stratégie efficace. Si on vous lance quelque chose aux yeux, vous aurez le réflexe de lever les mains pour vous protéger. Toutes les positions qui suivent sont basées sur ces réflexes naturels de préservations. Basées sur l'émotion liée à la peur, ces techniques diminuent énormément le temps de réaction de l'agent en cas d'attaque-surprise. Même si ces positions utilisent l'instinct de protection naturel que génère la peur, elles n'en demeurent pas moins des positions d'autorités et de confiance en soi.

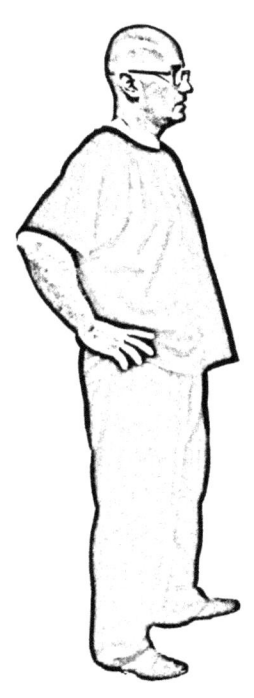 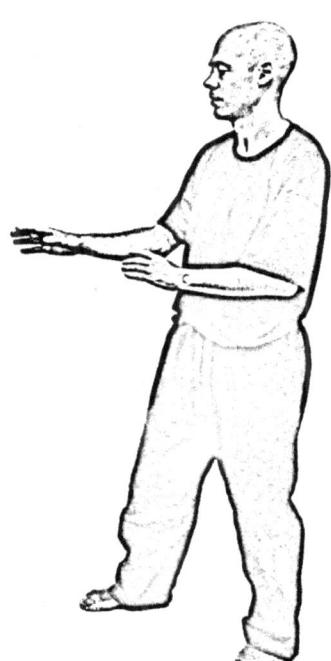

L'une des positions adoptées dans le DAPP est basée sur l'illusion du contrôle que peut avoir le contrevenant. L'agent semble positionner de face, une position qui semble vulnérable, mais en réalité, l'agent place son pied avant légèrement à l'intérieur du pied du même côté que celui du contrevenant. Il est important de contrôler le centre si l'on veut contrer efficacement une attaque-surprise.

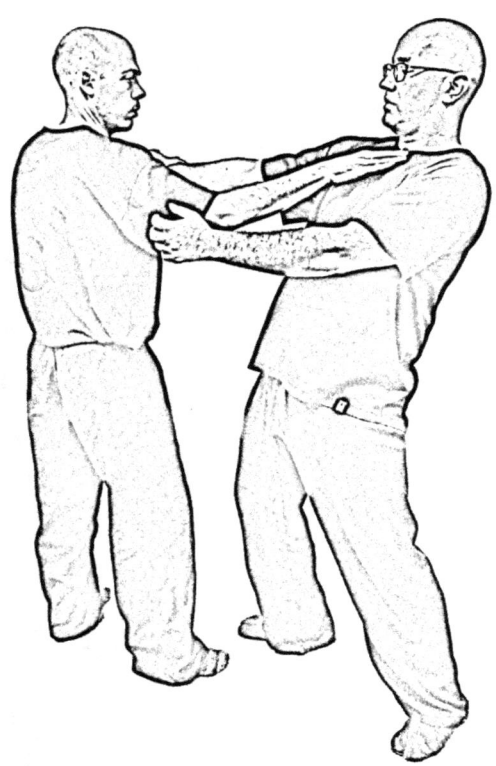

Si ce dernier avance de façon agressive sur l'agent, ce dernier recule l'autre pied et peut venir faire un point à la trachée. En agissant ainsi, l'agent pivote légèrement son corps ce qui lui permet d'augmenter de façon significative la portée de son bras.

En ayant positionné son pied légèrement à l'intérieur, l'agent a pris le contrôle du centre entre lui et son opposant. Ce contrôle de la ligne centrale permet de reculer et de changer le schème de pensé de l'assaillant d'offensif à défensif en effectuant une pression à la trachée. On peut ensuite exécuter une technique de contrôle. Apprendre à bien se positionner ne peut se faire qu'avec l'aide d'un instructeur compétent.

**Position standard des mains**

Notre corps parle, chacun de nos gestes transmet de l'information. Il n'est pas rare que lorsque la discussion s'étire ou que le ton monte, l'agent envoie un message corporel qui ne reflètera pas nécessairement ce qu'il a l'intention de faire. Une tension dans les épaules sera perçue comme un geste d'agressivité. Un poing qui se referme sans qu'on le remarque laissera croire qu'une action violente sera entreprise de la part de l'agent alors que ce geste n'était probablement qu'un signe d'un manque de confiance ou simplement d'une mauvaise gestion de son langage verbal. Le poing fermé peut aussi être perçu comme une technique d'intimidation. On peut adopter différentes postures qui auront non seulement l'avantage d'être plus sécuritaires d'un point de vue stratégique, mais qui ne seront pas interprétées par les témoins comme un geste d'agressivité.

**Croisées, position basse**

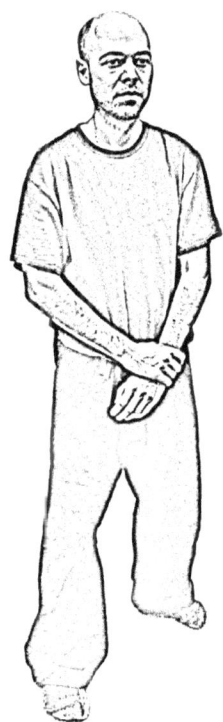

Cette posture a le mérite de ne démontrer aucune agressivité et d'être prête à réagir à une attaque-surprise. La main qui est sur le poignet est celle du même côté que la jambe qui est devant. Si le contrevenant avance brusquement vers l'agent, à partir de cette posture il est facile et même naturel dans un réflexe de protection, de reculer la jambe arrière et de lever les mains pour se protéger. Naturellement, comme expliqué précédemment, on doit occuper le centre du corps de l'attaquant pour mettre toutes les chances de notre côté. Cette posture permet de réagir extrêmement rapidement tout en permettant à l'agent de ne projeter aucune agressivité. En situation de stress, garder le contact d'une main sur l'autre bras permet de mieux gérer ses émotions.

En même temps que l'on recule, on peut placer les deux mains entre l'agent et le contrevenant de manière à bien se protéger le visage et le torse. On adoptera cette position surtout si le contrevenant semble calme. Ce ne sont pas toutes les personnes que l'on interpelle qui sont des gens à haut risque. Cependant, il ne faut jamais sous-estimer la capacité des gens à devenir agressif.

**Bras sur poitrine, autre bras allongé vers le bas**

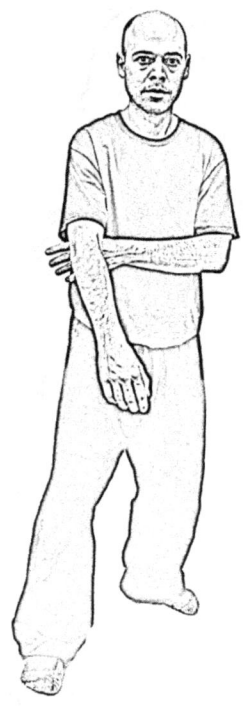

Il est difficile de discuter et de toujours garder la même position. En positionnant le bras avant vers le bas, en reculant et en levant les bras, l'agent est prêt à pouvoir arrêter la plupart des agressions à mains nues, que pourrait faire le contrevenant. Ce positionnement est basé sur des techniques défensives qui ont prouvé leur efficacité dans de vieux arts martiaux.

## Bras sur poitrine, autre bras allongé vers le haut

Dans le domaine de la sécurité, il est fréquent de traiter avec des gens qui ne veulent que discuter. Des gens du public ordinaire qui veulent simplement exprimer leurs points de vue. Par contre, il arrive parfois que certains d'entre eux aient la fâcheuse habitude de vouloir pénétrer dans la bulle de l'agent, d'approcher leur visage au point de postillonner au visage de l'agent en lui parlant. En laissant simplement un bras entre les deux interlocuteurs, l'agent crée ainsi une distance qui sera plus difficile à franchir pour cette personne. Cette posture permet également de reculer de façon sécuritaire dans le cas d'une attaque soudaine.

## Bras croisés

Si l'on désire croiser les bras face à un contrevenant, on ne peut le faire de n'importe quelle façon. Si vos bras se croisent sur la poitrine comme on le fait normalement et qu'un individu dépose une main sur vos deux bras, vous serez incapable de séparer vos bras à temps pour bloquer un coup de poing. De plus, s'il tient vos deux bras, vous aurez de la difficulté à reculer suffisamment rapidement pour vous mettre hors de portée de l'attaque. Si l'on désire avoir les bras sur la poitrine, on laissera le bras du côté avant par-dessus l'autre avant-bras. On se contentera de crocheter notre pouce avant sur l'autre avant-bras. De cette façon, on peut reculer facilement et l'agresseur peut difficilement contrôler nos deux bras. S'il agrippe l'un de nos bras, on pourra se servir de ce contact pour lui faire une clé de contrôle articulaire. Si vous désirez adopter ce positionnement, veillez à garder une distance sécuritaire afin de vous laisser le temps d'agir en cas d'attaque-surprise.

### Notions à connaître sur le côté fort

Dans la plupart des systèmes policiers, si l'on porte une arme de service à protéger, on se positionnera le côté fort derrière. Dans le cas où l'arme n'est pas un problème, le système DAPP recommande le côté fort devant. Voici quelques explications sur cette procédure.

La plupart des arts martiaux préconisent un mode de combat où le poing le plus fort demeure en arrière. Cela part du principe que pour frapper fort, le poing a besoin de prendre de la vitesse. Le but est d'avoir un poing qui offre un maximum de puissance. Le poing doit détruire, ou du moins, créer le plus de dommages possible au moment de l'impact.

Dans le travail de la sécurité, il faut arriver à contrôler le contrevenant en minimisant les risques de blessures et l'image agressive que l'agent peut projeter sur la foule qui observe l'altercation. On doit donc réduire au minimum les techniques de frappes. Habituellement, si l'agent en est rendu à frapper, c'est qu'il y a quelque chose qui a peut-être manqué dans la gradation du continuum de force. Frapper est souvent un signe d'incompétence dans la gestion d'une situation à risque. L'agent aura tendance à frapper lorsqu'il n'y a plus de contrôle émotionnel, lorsque la peur s'installe ou lorsque l'agent ressent le besoin de laisser sortir de l'agressivité refoulée. Ces raisons ne sont pas acceptables dans le cadre du travail d'un professionnel de la sécurité.

**Exercice** : Le côté faible en avant n'a généralement pas l'habileté nécessaire pour contrer une attaque-surprise de la part du contrevenant. Faites le petit exercice suivant : Placez-vous en position de combat, le poing faible devant à une distance suffisamment proche pour que votre partenaire d'entraînement puisse aisément donner une tape sur votre tête. Demandez ensuite à votre partenaire de tenter d'atteindre le dessus de votre tête avec ses doigts. Il faut que vous puissiez non seulement bloquer son bras, mais également le saisir afin d'appliquer un contrôle articulaire. Vous constaterez probablement que la plupart du temps, votre partenaire atteint aisément le dessus de votre tête et que vous êtes incapable de capturer le bras pour un contrôle articulaire avec le côté faible devant. Refaites ensuite le même exercice avec le côté fort en avant. Vous constaterez rapidement qu'il est plus facile de bloquer et de saisir le bras de l'attaquant.

    Naturellement, il y a toujours les risques liés à l'arme de service. Si vous ne disposez pas d'un étui sécurisé auquel vous pouvez faire une confiance absolue, alors vous devez laisser votre arme derrière et vous entraîner davantage à travailler avec l'autre côté. De toute façon, vous ne vous entraînerez jamais suffisamment.

# Bloc no 15 : Résistance passive assise

### Jonction de la mandibule et infraorbitale

La plupart des systèmes de contrôle par points de pression utilisent les points de l'infraorbital ou de la jonction de la mandibule pour soulever une personne qui est assise au sol. Bien sûr, cela fonctionne généralement bien. Or, comme elle fait ici une résistance passive, dénuée de toute agressivité, à partir du moment où l'on saisit ces contrevenants par le visage ou la tête, l'image projetée est celle d'un acte violent. Oui bien sûr, le respect des niveaux de force a été respecté, mais les apparences sont contre ceux qui utilisent ce type de technique. Pour les yeux du public, cela se traduit généralement par de la violence gratuite ce qui n'aidera pas à revaloriser l'image des forces de sécurité qui les utilisent.

### Les lignes radiales et ulnaires

Dans le système DAPP, on travaillera à déplacer ces personnes en utilisant les points du bras. Ces procédures ne projettent pas une image de violence et d'agressivité. Bien que l'on puisse utiliser tous les points du bras, on se servira surtout du point R5 et U4 pour permettre de tirer le coude vers le haut.

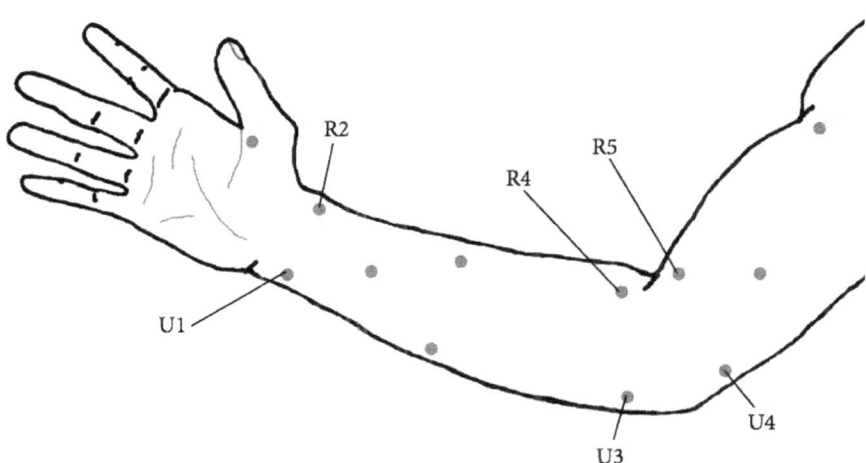

N'oubliez pas de respecter le continuum de force et de demander au contrevenant ce que vous attendez de lui.

La façon d'utiliser ces points peut paraître difficile aux premiers essais. Avec la supervision d'un instructeur compétent, l'étudiant apprend à positionner rapidement ses doigts de la bonne façon au bon endroit. On tire le coude vers le haut pour amener le contrevenant à donner son bras. Cette utilisation occasionne très peu de douleur, mais utilise plutôt le principe de la distraction. Il faut s'assurer de bien positionner les doigts. Si vous avez des ongles longs, il faut prendre garde à ce qu'il n'y en ait aucune trace sur la peau du contrevenant.

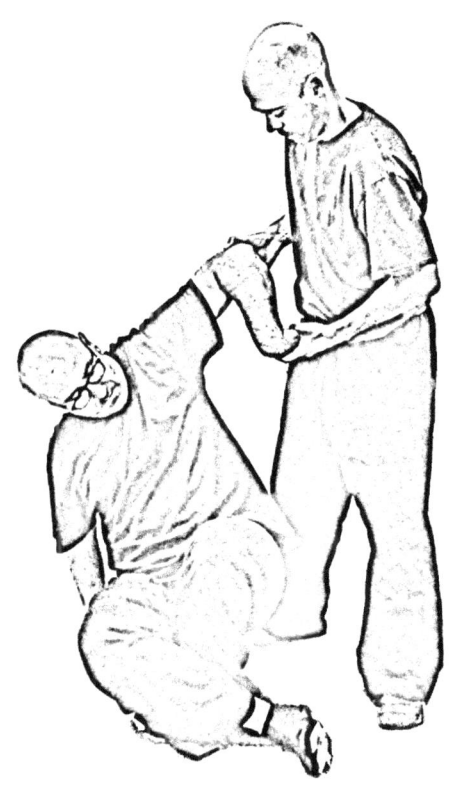

On tire le coude vers le haut et en même temps, on laisse appuyer le dessus de la main du contrevenant dans la paume de notre main. On lui demande de se lever tout en mettant une pression contre son poignet. S'il veut se rasseoir, c'est lui-même qui met une pression sur son propre poignet. On continu à tirer le coude vers le haut et à soulever sa main de notre autre main jusqu'à ce qu'il collabore. Comme il est privé de ses appuis habituels pour se relever, on doit lui laisser le temps de se relever par lui-même.

Exemples de commandements verbaux:
- Monsieur, vous ne pouvez restez là, levez-vous.
- S'il vous plaît, suivez-moi, tout de suite.

# Bloc no 16 : Approche sécuritaire d'un contrevenant assis

Ici, vous devrez vous référer à ce que vous avez appris lors de votre formation de base. N'oubliez pas les paramètres d'approche du contrevenant selon le positionnement des jambes, des objets et de l'espace qui l'entoure.

Souvenez-vous également de l'aspect verbal qui a échoué et qui oblige l'agent à une approche dans le but d'un contrôle physique.

# Emploi de la force

L'emploi de la force doit être adapté par l'instructeur pour chaque province, état ou pays selon les lois et règlements en vigueur.

Au cours de son travail, l'agent doit effectuer des arrestations. Il est fréquent que les sujets réagissent négativement et offrent une résistance allant de passive à agressive. L'agent doit savoir quand utiliser la force et quel niveau de contrôle il peut ou doit employer.

Ce n'est pas tout de survivre dans la rue, il faut assurer sa survie professionnelle et émotionnelle. Quand faut-il utiliser la force pour appréhender ou neutraliser un assaillant? Quel type et quel degré de force utiliser? De nos jours, il ne suffit pas de savoir comment employer la force, mais surtout quelles étapes auraient pu être requises pour la prévenir?

**Force nécessaire**

Un policier a le droit d'employer la force, mais il n'a pas carte blanche. Cependant, la loi ne donne pas de définition de la « force nécessaire ». La force autorisée est l'application d'une force légale, raisonnable, nécessaire et conforme aux procédures établies.

Les résistances se manifestent de plusieurs façons. Le comportement du suspect justifie un degré de force selon les circonstances. Si la résistance cesse, le niveau de force doit être ajusté en conséquence (pas de résistance, pas de force).

Il faut voir l'emploi de la force comme une nécessité professionnelle et non une affaire personnelle.

## Niveau de résistance

1. **RÉSISTANCE PSYCHOLOGIQUE**

Attitude, langage corporel, l'apparence et la condition physique.

2. **RÉSISTANCE VERBALE**

Réponse verbale indiquant le refus d'obtempérer/menaces verbales.

3. **RÉSISTANCE PASSIVE**

Inaction physique qui n'empêche pas d'effectuer un contrôle.

4. **RÉSISTANCE DÉFENSIVE**

Empêche le contrôle, mais qui n'est pas une action directe contre le policier.

5. **RÉSISTANCE ACTIVE**

Action physique directe contre le policier, assaut.

6. **AGRESSION**

Agression pouvant causer des blessures graves ou la mort.

# Niveaux de contrôle

1. **PRÉSENCE POLICIÈRE**

Uniforme représentant l'autorité, nombre de policiers.

2. **CONTRÔLE VERBAL**

Conversation, persuasion, commandement, ultimatum.

3. **CONTRÔLE À MAINS NUES**

a) Techniques douces : Faible risque de blessures (DAPP).
b) Techniques dures : Possibilité de blessures (DAPP).

4. **STRONG ARM DE INTUITIVE PROTECTION**

a) Techniques défensives passives.
b) Techniques défensives actives.
c) Techniques contraignantes.

5. **ARMES INTERMÉDIAIRES**

a) Techniques douces : Clés de bras & prises contraignantes, poivre de cayenne.
b) Techniques dures : Dysfonction motrice & coups frappés.

6. **FORCE MORTELLE**

Actions susceptibles de causer des blessures graves ou la mort.

# Circonstances particulières

## Facteurs particuliers

Facteurs influençant l'agresseur :
- Sexe, âge, morphologie;
- Sobriété, ivresse, intoxication;
- Qualités physiques ou techniques (arts martiaux);
- Antécédents violents;
- Nombre de suspects.

Facteurs influençant policier :
- Sexe, âge, morphologie;
- Qualités physiques ou techniques (formation);
- Environnement (terrain, obstacles);
- Équipements disponibles (arme intermédiaire);
- Nombre de policiers présents ou disponibles.

Toute reproduction complète ou partielle est interdite sans la permission écrite de l'auteur et des responsables du système DAPP.

Les techniques enseignées dans ce manuel sont protégées. Toute utilisation de ces techniques dans un but de formation doit être accompagnée de la certification DAPP. Toute autre certification amènera automatiquement des poursuites pour utilisation de matériel protégé.

L'auteur tient à remercier tous ceux qui ont rendu possible l'élaboration de ce manuel ainsi que tous ceux qui ont participé à la création du DAPP.

Conseillers techniques :

- Bernard Grégoire
- Michel Grandmont
- Arnaud Cousergue
- Alain Gauthier
- Robert Deschênes
- Francine Tremblay

Un remerciement spécial Oguri sensei qui est décédé en janvier 2012. Sans son aide, il m'aurait été impossible de pousser aussi loin le développement du système DAPP. Sans sa compréhension extraordinaire des kyushos et sa générosité, une grande partie des techniques utilisées par le système DAPP n'aurait jamais existé.

Un remerciement spécial également à André Trudel, qui pour une raison obscure m'avait accepté comme instructeur de point de pression policier malgré mes cheveux longs. Il a su me transmettre sa passion sur l'utilisation de ces techniques dans le domaine de la sécurité.

Merci à Éric Pronovost pour ses corrections et à mon ami Frédéric Simard pour l'aspect mise en page.

Et finalement merci à mes étudiants qui ont accepté de m'aider pour le volet photographique du manuel :

- Nicolas Primeau
- Jason Lynch
- Luc Gamache
- Patrick Montreuil
- Mathieu Paquet

# Du même auteur

Gestion de la sécurité dans les évènements spéciaux
Les caprices du budo
Réflexions sur le budo
Maître et disciple
Dix années de blogues
Le clan des Millepertuis

Dépot légal – Bibliothèque et Archives nationales du Québec. 2017
Dépot légal – Bibliothèque et Archives Canada. 2017

www.ingramcontent.com/pod-product-compliance
Lightning Source LLC
Chambersburg PA
CBHW050806160426
43192CB00010B/1654